Mika
en la
Patagonia Salvaje

Suricatos

Mika en la Patagonia Salvaje

© del texto: Carolina de Rosas
© de las ilustraciones: Raúl Guerra
© corrección del texto: Equipo BABIDI-BÚ

© de esta edición:
Editorial BABIDI-BÚ, 2025
Avda. San Francisco Javier, 9, 6ª, 23
Edificio Sevilla 2
41018 - SEVILLA
Tlfn: 912.665.684
info@babidibulibros.com
www.babidibulibros.com

Impreso en España
Primera edición: febrero ,2025

ISBN: 979-13-87558-83-3
Depósito Legal: SE 2877-2024

A mis ancestros, por forjar un destino en el confín del mundo.
A mis padres, por ser los mejores maestros,
A Juan Pablo y José Ignacio, mis amados hijos.
Y a todos los niños y niñas del mundo.

Índice

Mika en el confín del mundo 11

El encuentro con un desconocido 20

El mágico mundo de la señora Ana 33

Tomás vive en la ciudad 43

El gran secreto de Tomás 49

La aventura en el río Baguales 59

Una manada de caballos baguales al rescate 70

El misterioso pulpo de tres cabezas 80

La faena de esquila en la estancia 88

El coirón de la fortuna 99

MIKA EN EL CONFÍN DEL MUNDO

—Soy Mika. Nací en las proximidades de la Sierra Baguales[1], en un indómito día primaveral, bajo los designios del viento patagónico. Si no fuese por mis mansos ojos almendrados color coirón[2], todo mi espíritu confluye en una particular mezcla de audacia, rebeldía y curiosidad permanente.

Cuando el viento hace sentir su furia sobre la cordillera y las vastas planicies doradas, un cosquilleo se hace presente en su estómago, y junto con ello, su ser se torna vehemente. Nace el deseo por desafiarlo y unirse al

---

[1]Sierra Baguales es un cordón montañoso volcánico que se encuentra en el límite entre Chile y Argentina. Tiene cercanía con el Parque Nacional Torres del Paine, aunque son formaciones geológicas totalmente independientes. Presenta una formación particular de aserrados relieves y colores diversos que le imprimen una belleza única.

[2]El coirón es una planta típica de la Patagonia, un tipo de pasto perenne de tonalidades amarillo verdosas que se adapta muy bien a condiciones climáticas duras, tales como sequía, viento y bajas temperaturas, que son tan propias de esta región del mundo.

gran concierto sonoro ofrecido por este gran maestro de la naturaleza. «Mi pequeña gauchita[3]», susurra entre risas su padre al viento, mientras, perplejo, la observa alejarse y desaparecer ante la exquisita belleza de los parajes del fin del mundo, cabalgando a toda prisa en su incondicional y entrañable amigo Ventarrón.

Ventarrón vino al mundo en una fría noche de otoño. Había esperado ansiosa su llegada desde el momento en que supo que Tormenta, su madre, había quedado preñada. Los padres de Mika le habían prometido que cuando naciera, sería responsable de su cuidado, lo que la llenaba de orgullo y alegría.

El día que conoció a Ventarrón, se había dirigido como era habitual, al gallinero a recoger los huevos que diariamente ponían las gallinas. Les llevaba agua y alimento, y aprovechaba además para jugar un rato con ellas. Para su sorpresa, durante el trayecto observó una gran cantidad de plumas esparcidas por el patio trasero, donde tenían

---

[3]«Gaucho» es un término utilizado en algunos países sudamericanos para referirse al trabajador rural, al hombre de campo que puede dedicarse a diversos oficios tales como ovejero, domador, jinete, leonero y/o arriero de vacunos. Cada país y zona geográfica ha incorporado a este oficio elementos culturales propios, y aunque existen diferencias locales, hay un espíritu compartido que tiene relación con su quehacer diario, con un estilo de vida que promueve ciertos ritos, símbolos, vestimenta típica y una jerga característica.

una quinta y un invernadero que, como familia, trabajaban con mucho esfuerzo y sacrificio, ya que el viento y el frío hacen de las suyas en la Patagonia. «Apreciar el brote de una semilla, es un verdadero milagro de vida. En estas tierras australes, todo sabe más rico, tal vez, por el mérito a la perseverancia y el ahínco con que la madre naturaleza defiende la vida en estas latitudes. Comer una frutilla, una zanahoria o un tomate de estas tierras es como exprimir la savia del mundo», decía siempre su mamá.

De repente, un estrepitoso movimiento la sacó de sus pensamientos. Alcanzó a ver una cola negra moverse rápidamente entre las matas de calafate[4]. Un mal presentimiento se instaló en su corazón, por lo que apuró el tranco para llegar lo antes posible al gallinero. La escena era desastrosa, gallinas malheridas y varias muertas. Le caían las lágrimas. Nunca había vivido una experiencia de esta magnitud. Confusa y despavorida, corrió a buscar a sus padres para contarles la horrenda noticia. Su papá y hermano mayor, Bastián, se dirigieron al lugar de los hechos e identificaron la causa del desastre. Encontraron un hoyo en la parte trasera del

---

[4] El Calafate (*Berberis microphylla*) es un arbusto con espinas que sólo crece en la Patagonia chilena y argentina. Tiene unos frutos negros azulados que son comestibles y muy sabrosos. Es considerado un símbolo de la Patagonia.

gallinero, lo que hacía pensar que un chingue[5] había sido el autor de tamaña desgracia.

Estuvo afligida toda la tarde, no lograba comprender por qué el chingue había actuado con tan mala intención.

—Si tenía hambre, yo le podía haber ofrecido alimento, y así no habrían muerto las gallinas —pensaba en voz alta.

—Tienes que entender que son animales carnívoros, y está en su naturaleza matar para sobrevivir —le decía su hermano. Pero ella no entendía por qué las leyes de la naturaleza funcionaban de ese modo. Estaba enrabiada con estas leyes que consideraba injustas, y al mismo tiempo sentía mucha tristeza por la pérdida de las gallinas que para ella eran grandes compañeras.

Cenó absorta en estas reflexiones, sin embargo, tenía un nudo en la garganta que le impedía tragar. Se fue a dormir temprano, y para distraerse leyó su libro favorito que trata de una niña científica que viaja por el mundo para conocer los misterios de la vida y buscar soluciones para salvar al planeta. Había aprendido que la Tierra es como un ser vivo que está en constante

---

[5] El Chingue patagónico o zorrillo patagónico es un animal carnívoro de cuerpo alargado que tiene una cola muy llamativa de pelos largos y erizados. Suelen vivir en madrigueras que llegan a medir hasta 3 mts. Para defenderse secretan una sustancia fétida que ahuyenta a sus depredadores. Sólo habitan en el sur de la Patagonia.

cambio, y eso le daba mucho sentido, ya que cuando salía a rodear animales junto a su papá, siempre encontraban por el camino una variedad de fósiles de distintas formas y tamaños, lo que confirmaba la hipótesis de que en un pasado remoto estas planicies estuvieron cubiertas por el mar.

De hecho, años atrás una noticia había impactado al mundo científico, el descubrimiento de fósiles de dinosaurios en las cercanías de Cerro Guido[6], lugar por el que frecuentemente transitaba con Ventarrón. Su gran pasión por aprender fue escuchada por una profesora muy querida, quien impulsó la posibilidad de que acompañara a un equipo de paleontólogos a una expedición científica. De las tantas preguntas que formuló ese memorable día, recuerda con fascinación que los científicos le contaron que hace millones de años vivieron en esta región del planeta dinosaurios tales como los hadrosaurios, conocidos como «pico de pato», saurópodos de cuello largo, cuya altura era posiblemente superior a los veinte metros, y terópodos, dinosaurios carnívoros y bípedos. En esa ocasión, encontraron ade-

---

[6]Cerro Guido es un monte ubicado en la Patagonia Chilena, cercano al Parque Nacional Torres del Paine y la Sierra Baguales. En la actualidad, goza de un alto valor científico por ser considerado uno de los yacimientos de fósiles y paleontológicos más importante de toda Sudamérica.

más fósiles de reptiles marinos y de anfibios, hallazgo que validaba lo que su papá le había enseñado en sus paseos a caballo. Esto indicaba que en el pasado la vida en estas latitudes era muy diferente a lo que sus ojos de niña percibían en el presente. Así, a su temprana edad, comenzaba a comprender que las fuerzas de la creación y destrucción estaban tan unidas como el día y la noche, como la respiración y exhalación que forman parte del pulso de la vida. No obstante, no lograba internalizar la idea de que nunca más vería a sus compañeras gallinas, porque esta despedida era para siempre.

Estaba sola en su habitación, tratando de buscar consuelo en su libro favorito, cuando sintió el ulular de un tucúquere[7], por lo que sigilosamente se asomó por su ventana con la esperanza de poder apreciar a esta ave que siempre había querido contemplar.

La Luna estaba redonda y plateada, una extraña quietud dominaba el paisaje como nunca, el viento había enmudecido. Mientras se encaramaba por la ventana,

---

[7]El búho magallánico o Tucúquere es un ave nocturna que se caracteriza por tener unos ojos grandes y amarillos. Su plumaje es predominantemente de color marrón, con manchas blancas en el pecho y barras horizontales en el abdomen. Se alimenta de pequeños mamíferos como ratones y liebres, así como también, de aves e insectos. Se encuentra presente en el cono Sur de Sudamérica.

un carraspeo en la garganta la hizo perder el equilibrio, cayendo encima de una mata negra[8]. «Por suerte, no fue una mata de calafate, si no, mi cuerpo hubiese quedado como un colador», pensó un poco aturdida por el golpe. Al intentar reincorporarse, algo asombroso sucedió. El tucúquere que siempre había querido conocer la miraba impertérrito a tan solo unos pasos de ella. De enormes ojos dorados y un pelaje plateado, parecía una criatura de otro mundo. Sus miradas se encontraron en el silencio de la noche, y mágicamente supo que algo extraordinario sucedería. En un abrir y cerrar de ojos, el ave emprendió vuelo dejando un sorprendente destello de luz en el cielo.

—¡Mika! ¡Mika!, ¿dónde estás? —la llamaba su hermano, y sus gritos la hicieron volver en sí misma—. Papá y mamá te esperan en la pesebrera porque la yegua Tormenta ha parido un hermoso potrillo.

No podía creer lo que estaba escuchando, y entonces comprendió que el furtivo encuentro con el tucúquere auguraba una buena noticia. Corrió tan velozmente que parecía que sus pies se elevaban del suelo, y no cayó en cuenta que corría descalza si no es por el cosquilleo

---

[8] La mata negra es un arbusto de color verde oscuro, de hojas pequeñas y de flores muy perfumadas que tienen un color que varía entre blanco, rosado y violáceo. Es endémica del sur de Chile y Argentina.

de los coirones que estampaban sus rígidas y pinchosas hojas en su delicada piel. Cuando llegó a la pesebrera, una frágil silueta se asomó tímidamente entre los fardos de pasto; fue amor a primera vista, abrazó efusivamente al potrillo, y en ese dulce contacto ambos comprendieron que serían compañeros entrañables de por vida.

—Te llamarás Ventarrón, y seremos grandes exploradores de la Patagonia —le susurró tiernamente al potrillo en su oído.

Al día siguiente, trataba de poner sus emociones en orden, su corazón nunca había experimentado tristeza y alegría extrema al mismo tiempo, era una sensación completamente nueva, confusa e inexplicable. Aún se sentía apenada por la muerte de sus compañeras gallinas, y, por otro lado, el nacimiento de Ventarrón la inundaba de felicidad. Recordaba lo que pensaba el otro día respecto al nacimiento, la muerte y las leyes de la naturaleza; y a su corta edad comprendió que la fuerza de la existencia es aún más poderosa que la muerte, porque cuando un ser vivo nos abandona, el milagro de la vida nos vuelve a sorprender. Agradecía a la madre naturaleza la posibilidad de volver a sonreír con la llegada de su nuevo amigo Ventarrón.

EL ENCUENTRO CON UN DESCONOCIDO

Y con ese sentimiento de gratitud se dirigió a su cerro favorito, el cerro Beatriz, llamado de esta manera en honor a su abuela materna. Era un lugar empinado, cubierto de frondosos coirones, y su cima estaba compuesta de enormes roqueríos que servían de hogar para los cóndores. Aquí le gustaba elevarse al cielo y admirar la vasta e imponente extensión de la Patagonia. Mientras escalaba, recordaba que de pequeña les temía a estas enormes aves, sin embargo, con el paso del tiempo, se dio cuenta de que son seres apacibles, solitarios y muy observadores. De ellos, había aprendido sobre la majestuosidad y elegancia en el vuelo, como también sobre la templanza. El alimento no siempre era un bien disponible, debido a las duras condiciones climáticas de esta región del mundo, por lo que la paciencia y el equilibrio eran fundamentales para su subsistencia. La cercanía con estas aves, le habían enseñado a dominar su acelerado espíritu, y ahora se sentía más reflexiva y tolerante, sobre todo, con su hermano mayor que a veces la sacaba de quicio.

Como sabía que aquel día en la estancia[9], el ovejero[10] Pompilio había carneado un capón[11] viejo, durante la mañana se dirigió a escondidas a la carnicera[12] para sacar un pedazo de carne, con la intención de hacerle un regalo a su amigo Cóndor. Quería celebrar con él la buena noticia de la llegada de Ventarrón. Una vez que se encontró con Cóndor en el cerro, comenzó a relatarle detalle a detalle los últimos acontecimientos de su vida, mientras el ave la miraba como un ancia-

---

[9]En la Patagonia se denomina estancia a inmensas extensiones de tierra destinadas fundamentalmente a la actividad ganadera ovina. Inspiradas en un modelo europeo anglo escocés, las estancias cuentan con una casa patronal, viviendas para administradores, capataces y empleados, y un conjunto de instalaciones tales como galpón de esquila, baños para animales lanares, caballerizas, establos, perreras, corrales y potreros.

[10]El ovejero es el responsable de cuidar y manejar un rebaño de ovejas. Su tarea consiste en velar que estén sanas, bien alimentadas y protegidas de cualquier peligro.

[11]Capón es un animal macho de la especie ovina que ha sido castrado y lo dejaron principalmente para producción de lana.

[12]En una estancia se denomina «carnicera» o «carnicería» al lugar físico donde se guarda la carne de los animales ovinos que se faenan en el «carneadero».

no sabio. Pero como Mika no hablaba solo con su boca, sino con todo su cuerpo, justo cuando estaba relatando el encuentro con el mágico tucúquere, su pie trastabilló con una piedra, lo que la hizo perder el equilibrio y rodar varios metros cerro abajo. Cóndor quedó estupefacto mirándola, mientras la niña se levantaba con un coirón en la cabeza que parecía un gracioso sombrero.

Justo iba a soltar una carcajada, pensando en su torpeza de caerse por segunda vez en tan poco tiempo, cuando por encima de su hombro derecho escuchó una voz a lo lejos que le preguntaba:

—¿Estás bien?, ¿estás bien?

«¿Será que Cóndor había aprendido a hablar?» dudó ingenuamente Mika, y después replicó la misma voz:

—¿Todo bien?

Una vez que pudo levantarse de su caída, se propuso buscar el origen de aquella voz, y en el camino de ripio que colinda con la base del cerro, divisó una camioneta blanca estacionada. Hacia un costado y al borde del camino, observó a un hombre que se dirigía hacia ella. Le dio un poco de miedo, ya que sus padres le habían repetido una y mil veces que no hablara con extraños, algo difícil para ella que hacía hablar hasta las piedras. Trató de caminar, pero se dio cuenta de que le dolía mucho el pie derecho, por lo que apenas podía moverse.

—Vimos cómo te caíste, ¿te encuentras bien? —volvió a inquirir el hombre de tez morena y voz refinada—. Me llamo José Manuel. ¿Quieres que te llevemos a algún lugar? Mi hijo y mi señora están esperando en la camioneta. De hecho, me sorprende ver sola a una niña pequeña en este lugar, lo encuentro bastante peligroso —chistó haciendo una desagradable mueca con sus labios.

A Mika no le agradó el último comentario, porque si bien era niña, sus padres le habían enseñado a moverse muy bien sola por estos lugares, y esta era la primera vez que tenía un accidente de esta índole. Si hubiese sido por ella, no habría aceptado que la llevasen a su casa, pero era tanto el dolor que no le quedó más remedio que subirse a la camioneta.

Una vez en el vehículo, unos ojos negros saltones se posaron sobre ella.

—¡Hola, soy Tomás! ¿Qué hacías sola en el cerro? —preguntó el niño con cara de curiosidad, luego sacó su celular, y realizando rápidos movimientos con sus dedos, leyó una información que advertía sobre los riesgos del viento en estas latitudes, y le dijo—: No deberías haber estado sola en ese cerro. Pusiste en riesgo tu vida.

Mika se sintió incómoda, había nacido con el viento y sabía perfectamente cómo fundirse en una exquisita danza con él. Su cuerpo y corazón eran sus mejores aliados para habitar los parajes más salvajes del mundo, por lo que no podía dar crédito a las palabras de ese niño. Por un instante, deseó con anhelo estar en casa y sentir el abrazo de mamá.

Hubiese preferido mantenerse en silencio, sin embargo, tuvo que presentarse y explicar el camino a casa.

—Soy Mika —susurró entre dientes—, y vivo a dos kilómetros de aquí con mis padres María Paz y Roberto, mi hermano mayor, Bastián, y también con Casandra, Rayo, Luna, Pulga y Cinta.

—¡Vaya, qué familia más grande tienes! Y qué nombres más extraños los de tus hermanos —comentó Tomás.

Mika no pudo evitar soltar una carcajada y añadió:

—No son mis hermanos, pero es como si lo fueran; están siempre a mi lado, y nos hacemos mucha compañía aquí en el campo.

Ahora sí que Tomás quedó confundido, era extraña esta niña de la Patagonia y el mundo en el que habitaba. Lo que lo exasperó más es que había empezado a quedarse sin señal para el celular.

—¡Cómo es posible, no tengo conexión, maldición! —dijo furioso señalando el celular.

Mika lo miró desconcertada, y luego posó su mirada en ese camino que tantas veces había recorrido a caballo. Aliviada, pudo divisar la elegancia de los álamos y la grandeza de los cipreses que, con sus formas y colores, resguardaban su bello hogar.

Un extraño movimiento la sacó de su ensoñación; faltando tan solo unos pocos metros para llegar al estacionamiento, la camioneta rugió, corcoveó y emitió un fétido olor hasta detenerse por completo.

—¡No puede ser! —refunfuñó el papá de Tomás—. Me dijeron que acababa de salir del taller de mecánica y que estaba en excelentes condiciones.

—¡Genial! —exclamó el niño—. Esto es lo último que faltaba en este aburrido viaje, que nos quedemos atrapados en este apestoso lugar.

Mika contó hasta diez para evitar devolver la estocada, e intentando calmarse, dijo:

—Mi papá es excelente reparando todo tipo de artefactos, seguro podrá arreglar la camioneta para que puedan regresar pronto.

Las dos últimas palabras las pronunció con mayor intensidad, implorando al universo que así fuese. No acababa de decir esto, cuando los perros ovejeros[13], Ca-

---

[13]El perro ovejero patagón es una raza canina originaria de la Patagonia chilena y es un pilar fundamental para el cuidado de

sandra, Rayo, Luna, Pulga y Cinta habían rodeado la camioneta estampando sus patitas en las ventanas para saludar a Mika.

—¡Nos van a atacar! —señaló Tomás con voz temblorosa.

—Tranquilo, ellos son parte de mi familia, me cuidan, protegen y jugamos juntos —le dijo Mika.

Los ladridos de los perros se escucharon hasta el invernadero, lugar que estaban reparando los papás de Mika, debido a la voladura que había sufrido una parte del techo en un día de muchísimo viento, tan común en esta región del mundo. Como el aullido era incesante, decidieron ir a ver qué sucedía. Divisaron a su hija haciendo señas desde la camioneta, por lo que se apresuraron a ver qué le pasaba. Tan típico de ella, en dos tiempos contó todo lo acontecido, presentando inclusive a los incómodos visitantes. La hospitalidad es un sello de estas australes tierras, por lo que sin decir una palabra más, Tomás y sus padres serían huéspedes de la estancia mientras la camioneta se reparaba.

---

las ovejas. En este sentido, es un gran aliado que ayuda al ovejero en las largas jornadas de trabajo, dirigiendo a los animales, buscando a las ovejas perdidas, reuniendo a las dispersas, protegiendo y vigilando celosamente al rebaño de posibles peligros. Son perros muy confiables, inteligentes y muy comprometidos con su quehacer.

La casa de Mika es una típica casa de estancia patagónica, emplazada cerca de una vertiente de agua, y revestida con planchas de zinc. En su distribución interior, la cocina es el lugar más importante de la casa, en cuanto al tamaño y al infaltable aroma a mate[14] y pan recién horneado en una cocina de fierro que funciona principalmente a leña. Exquisito es sentir el crepitar del fuego en esos días en que el viento y el frío calan hasta los huesos. El resto de las habitaciones son sencillas y funcionales. En los dormitorios, llama la atención los colchones elaborados con lana de oveja de los que emana un singular aroma que conecta con la inocencia de estos animales. Asimismo, como decoración destacan algunos cueros de animales puestos como pie de cama, varios fósiles y artefactos antiguos como máquinas de coser y planchas de fierro para la ropa, que funcionan sin electricidad.

Los muebles son antiguos, con olor a madera vieja, y robustos como los recuerdos de los antepasados de Mika, quienes emigraron de Europa debido a las duras condiciones de vida a principios del siglo XX. Estas personas de esfuerzo y sacrificio construyeron un ver-

---

[14]Es una infusión hecha con hojas de yerba mate, provenientes de un árbol originario de Sudamérica y su consumo es muy común en la Patagonia chilena y argentina.

dadero paraíso en estas recónditas planicies. Así, podemos apreciar como elemento central en el living de la casa una fotografía de gran tamaño de sus abuelos maternos, quienes lucen jóvenes y vitales. Y energía en exceso había que tener para levantar y construir una estancia en estas tierras, cuando el acceso a los caminos era casi inexistente, y la travesía de la ciudad a la estancia podía durar varios días. Por este motivo, existieron varios hoteles a lo largo del camino, conocidos como posadas, donde los viajeros que se trasladaban en auto o a caballo, se detenían para pernoctar y descansar.

Hoy en día, con el mejoramiento de las rutas, muchas de estas posadas han ido desapareciendo, pero hay una en particular que aún sigue funcionando y que Mika lleva siempre en su corazón, desde que se enteró que Gabriela Mistral, poetisa chilena, ganadora del Premio Nobel de Literatura, y cuyos poemas había aprendido a declamar desde pequeña, había visitado por un breve período de tiempo. Esta posada se ubica a varios kilómetros de Puerto Natales, ciudad famosa por ser el asentamiento más próximo a la belleza y exuberancia del Parque Nacional Torres del Paine[15], conocido como la «Octava ma-

---

[15]Es un Parque Nacional emplazado en la Patagonia chilena, reconocido mundialmente por su singular belleza y paisajes aún prístinos, donde es posible apreciar montañas deslumbrantes, glaciares

ravilla del mundo». Según contaba la abuela de Mika, en esas largas tertulias familiares de los domingos, los habitantes de la región más austral de Chile tenían la convicción de que la poetisa se había inspirado en estos paisajes de la Patagonia para escribir *Desolación,* libro que la llevó al reconocimiento internacional, al tiempo que se enorgullecían de sus declaraciones cuando concebía a Punta Arenas[16] como la sonrisa de su vida.

Uno de los aspectos que con la tecnología había mejorado muchísimo era el abastecimiento de luz eléctrica. En tiempos de los abuelos, todos los quehaceres del hogar se realizaban a mano, desde lavar ropa, planchar, pasar el chancho[17] para limpiar el piso, salar y ahumar alimentos para conservarlos, y cuando llegaba la noche se iluminaban con lámparas que funcionaban a gas o con la típica vela que siempre había en el candelabro

---

y témpanos de hielo de un hermoso azul, como también, las típicas pampas doradas que albergan una fauna única en el mundo.

[16]Punta Arenas es la ciudad más austral de la Patagonia chilena, ubicada en el Estrecho de Magallanes, principal paso marítimo natural que conecta el Océano Pacífico con el Atlántico. En la actualidad, es reconocida internacionalmente por ser una ciudad clave como «puerta de entrada a la Antártica».

[17]«Chancho» se refiere a un artefacto utilizado para sacar brillo al piso y que para su uso no requiere de electricidad.

de una habitación. Con el paso del tiempo, pudieron adquirir un motor de luz que funciona con petróleo y al que prenden solo cuando cae la noche, y recientemente Roberto estaba en un proyecto para instalar paneles solares, lo que tenía a sus hijos muy entusiasmados.

Si Tomás pensaba que lo peor había pasado, quedó petrificado cuando se enteró de que en la estancia no había disponibilidad ilimitada de luz eléctrica, y pensó: «¿Cómo era posible que en el mundo de hoy pudiesen vivir personas en estas condiciones?, ¿Cómo esa irritable niña podía ser feliz en este aburrido lugar?». Tomás lloraba de rabia e impotencia, y para que nadie lo viera, se había ido al baño a maldecir su suerte. Estaba en medio de su pataleta cuando a través de la ventana divisó a Mika haciendo unos extraños gestos y hablando sola. «¡Ahora sí que se volvió loca esta niña!», pensó. Lo único que deseaba era despertar de este mal sueño y regresar a su casa lo antes posible.

Efectivamente, Mika hablaba, pero no hablaba consigo misma en voz alta como suelen hacerlo algunas personas, sino que se comunicaba con cualquier «ser vivo» que estuviese alrededor de ella y con ella. Esta cualidad la había adquirido después de un accidente a caballo que sufrió a temprana edad. Su tenaz y exaltado espíritu hizo imposible que su madre se negara a su petición de montar a un caballo arisco recién llegado a la estancia. Y así, en un abrir y cerrar de ojos, el corcoveo del animal la lanzó cual proyectil por los aires. Quedó inconsciente por un tiempo que pareció una eternidad, mientras su madre lanzaba un grito desgarrador que salía desde las entrañas diciendo:

—Señora Ana, ¡ayúdenos con la niña, que se nos muere!

EL MÁGICO MUNDO DE LA SEÑORA ANA

Ana era la señora de Pompilio, el ovejero, el brazo derecho, el hombre que se consagra en vida y obra al cuidado de las ovejas y a la realización de cualquier tarea que tuviese relación con estos animales, que son el corazón y sentido de una estancia. Su mujer, de baja estatura, robusta y silenciosa, era como un ser venido de otro planeta. Utilizaba siempre un turbante en la cabeza y aparecía mágica y sigilosamente justo en el momento en que necesitaban de ella. No es de sorprender que la señora Ana haya llegado al lugar de los hechos antes que María Paz gritara su nombre. Allí estaba Ana con su parsimonia de siempre, con esa mirada profunda que penetraba hasta el alma. No había secretos para ella, era la gran maga. Con la rapidez de un rayo, Mika quedó envuelta en sus cálidos y acogedores brazos, de esos que le propiciaban calma y tranquilidad desde cuando era una tierna bebé.

La señora Ana llevó a la niña a su casa y la acostó en su sofá preferido, en ese rincón de la cocina desde donde se podía apreciar la magnitud y belleza de la cordillera Baguales. Su encanto embriagador llevaba a Mika a un extraño éxtasis donde podía pasar largo rato en silencio, y eso era toda una proeza para ella. Aquí aprendió a tomar mate mientras la señora Ana le contaba historias de su infancia y de sus antepasados que provenían de la Isla Grande de Chiloé[18].

Un día le contó que no pudo terminar el colegio porque su madre murió muy jovencita y como ella era la primogénita tuvo que hacerse cargo de sus cinco hermanos menores. Así, sin darse cuenta, a sus diez años tuvo que aprender a llevar la casa y a ayudar a su padre en las faenas del campo. Lo mejor que se le daba era el arte de la cocina, había sido bendecida con unas manos que convertían cualquier alimento en el plato más delicioso del mundo. Y eso Mika lo sabía muy bien porque siempre se escapaba a comer unas ricas sopaipillas[19] a

---

[18]La Isla Grande Chiloé es la segunda isla más grande de Sudamérica y se encuentra en el sur de Chile. Se destaca por sus diversos paisajes y una conexión muy importante a la naturaleza y el mar. Cuenta con tradiciones culturales únicas en su país, poblada de mitos y leyendas mágicas y deslumbrantes.

[19]La «sopaipilla» es un alimento que se elabora a partir de masa de harina de trigo y que puede ser frita en aceite o en manteca de cerdo. Son muy típicas de Chile, y se tienden a consumir en invierno, en días lluviosos y pasadas por chancaca, lo que les proporciona un sabor dulce y especial.

su casa. Esas manos eran también mágicas, bastaba tan solo una caricia de la señora Ana, para que cualquier herida sanase por completo; «primero te conectas a tu corazón, luego, tomas el aire entre tus manos, lo conviertes en una esfera de luz que viertes en la herida y ya está», decía con una naturalidad sorprendente.

La señora Ana estaba conectada al misterio de la vida de una forma asombrosa, su silencio era sonriente, y cuando todo parecía un desastre, abrazaba a la niña y le decía:

—Todo va a estar bien, la vida buscará la forma de acomodarse. Eso me decía mi mamá —le susurraba dulcemente al oído mientras cantaba su canción favorita y le daba un beso en la frente—. Cuando mi mamá murió, sentí un frío intenso en mi alma, sin embargo, con el paso de los días una cálida sensación se apoderó de mi cuerpo. Era mamá que se había fundido en mi corazón, y en ese momento comprendí que estaríamos unidas para siempre.

Mika encontraba sosiego y paz en estas palabras, las utilizaba como bufanda, se arropaba y acurrucaba en ellas cuando sentía tristeza o miedo.

—Ama, conoce y disfruta de la compañía de nuestros hermanos menores, le decía la señora Ana a la niña—. El coirón, la mata de calafate, las delicadas flores de la Patagonia, la diversidad de aves que habitan con nosotros, incluso hasta los tábanos[20] que son tan molestosos, todos ellos se rigen por el mismo pulso de la vida, y si abres tus sentidos y más aún tu corazón, aprenderás a comunicarte con ellos. Gran parte de mi comprensión del mundo se la debo a ellos, sabes bien que no tuve la oportunidad de terminar la escuela, y lo aprendido con ellos ha sido mi brújula para guiarme en la vida.

Hay una historia en particular, entre tantas otras, que son preferidas de Mika, y que reflejan esa intensa conexión de la señora Ana con los seres que la rodean.

Esto ocurrió en un día de invierno, cuando los días en Chiloé son grises y húmedos. La señora Ana era una niña, y se encontraba en la leñera, cortando troncos para el suministro de la casa. Su padre había ido de caza junto a un grupo de amigos, estaban tras algo grande, según ellos. Ella odiaba esta actividad, estaba enfadada con su papá, no le parecía sensato matar a un «hermano menor» solo por placer. De repente, a lo lejos, escuchó un par de gritos y unos disparos. Se asustó, y cuando se dirigió a ver qué su-

---

[20]Es un Insecto volador que se asemeja mucho a las moscas grandes. Los tábanos de la Patagonia son molestos durante los meses más cálidos, cuando suelen ser más activos. Tienen un aguijón fuerte y sus picaduras pueden ser molestas y dolorosas.

cedía, un destello apareció en el aire, y acto seguido cayó desplomada en el suelo. Cuando despertó medio atolondrada, se encontraba sola en una habitación, la que era iluminada por las llamas del fuego de la estufa a leña. Un leve dolor en el corazón la incitó a moverse, y cuál fue su sorpresa cuando vio a su lado al gorrión que siempre rondaba su casa. El pájaro estaba muerto y sangraba, había recibido un impacto de bala. Las lágrimas corrían por su rostro, pues en ese instante Ana comprendió que el gorrión había dado su vida por ella, en un acto de amor, se inmoló para salvarla.

Producto de la caída del caballo, Mika entró en un profundo estado de ensoñación. Cabalga a toda prisa junto a Ventarrón y sus perros ovejeros en una dorada planicie cubierta por un sendero de plata que la conduce a la montaña más alejada del Valle de las Chinas[21]. De pronto, el camino de plata se va transformando en un paisaje blanco, cubierto de hielo. Copos de nieve cubren toda la escena, danzando y

---

[21]El Valle de las Chinas, al igual que Cerro Guido, son emplazamientos cercanos al Parque Nacional Torres del Paine, que se constituyen como sitios de trascendencia científica por el alto valor paleontológico y hallazgo de innumerables fósiles que permiten comprender la historia evolutiva de nuestro planeta y de los seres vivos que la han habitado.

bailando al compás del viento. Ella ama esta sensación, el frío y el viento en su cara la hacen sentirse más viva que nuca. Quiere subir a la montaña, pero algo la retiene, Ventarrón se ha lesionado una pata y comprende que no puede continuar junto a él. Cae la noche y los copos iluminan cual estrellas en el cielo. La niña llora y abraza a su amigo Ventarrón, permanecerá junto a él pase lo que pase. Sus lágrimas crean un pequeño oasis en medio del frío paisaje; es un bosque con un tibio aroma a calafate. Se cobija junto a Ventarrón mientras observa a los copos de nieve crear la figura de un ángel. Su presencia ilumina y calma, está maravillada. El ángel majestuoso y resplandeciente trae una ofrenda, es la flor zapatito de la virgen[22], que posa en su frente.

Mika siente un extraño calor en su cara, y acto seguido empieza a toser.

—¡Al fin despiertas niña hermosa! —dice sonriendo la señora Ana.

El ardor en su frente se debe a una compresa que la señora Ana había preparado con sus típicas hierbas medi-

---

[22]Esta flor es originaria de América del Sur y se encuentra principalmente en países como Chile y Argentina. Es de tamaño pequeño y sus hojas tienen la forma de pequeños zapatitos o bolsas, de ahí que se la denomina popularmente como «zapatito de la virgen».

cinales. Un poco de paramela[23], un toque de cardo[24], unas cuantas hojas de calafate, una pizca de romerillo[25] y un ingrediente secreto que guardaba bajo llave y que había prometido develar a Mika cuando cumpliera quince años. La niña abrió sus ojos desconcertada, lo último que recordaba era la presencia de un ángel y a su amigo Ventarrón. Aho-

[23]Planta típica de la Patagonia, utilizada en tiempos remotos por los pueblos originarios para aliviar dolores articulares y calentar el cuerpo.

[24]El cardo de la Patagonia es una planta muy particular, ya que deja ver su hermoso fruto una vez al año. Las flores son pequeñas, de color azul claro a azul violáceo. Además de su singular belleza, se le atribuyen propiedades medicinales.

[25]El Romerillo o mata gris es un arbusto endémico de la Patagonia, que se adapta muy bien a sus condiciones climáticas, incluyendo suelos pobres y fuertes vientos.

ra despertaba rodeada de sus seres queridos, mamá, papá, hermano, la señora Ana y Pompilio. Su cara se iluminó de alegría y todos se fundieron en un fuerte abrazo austral.

A partir de ese incidente, Mika comenzó a percibir no solo desde su mente, sino a través de su corazón. Podía conectarse y hablar con todo ser viviente, fuera esta una flor, un insecto, un arbusto o un animal. Su conexión era desde el alma, a través del lenguaje de las emociones, percibía la alegría, tristeza, y el miedo de otros seres. A veces, se conectaba tan profundamente que terminaba extenuada. En esos momentos, la señora Ana salía a su rescate y le enseñaba a respirar profundamente para volver a encontrar paz y calma en su corazón.

La primera vez que se le activó este don, que la señora Ana cree que se debe al encuentro con el ángel en el sueño de la niña, fue en una exploración que Mika realizó al río Baguales. Casi nunca le sucedía, pero se perdió y tratando de orientarse, notó cómo las matas negras cambiaban de color, marcándole el sendero de regreso a casa. En otra ocasión, paseando por la quinta de su casa, encontró tirado a un Fio Fio polluelo[26]. Mika lo

---

[26]El fio fio o viudita chilena es un ave de tamaño pequeño, nativa de Sudamérica. Resulta difícil de ver, ya que le gusta esconderse entre los árboles, sin embargo, su canto característico «fio fio» la delata inmediatamente.

acogió entre sus manos para cuidarlo y protegerlo, y a los pocos minutos, escuchó el trinar de su familia que lo buscaba desesperadamente. Ella inmediatamente comprendió lo que estaba pasando y lo ubicó en un lugar a salvo para que pudiese reencontrarse con ellos.

El accidente, sin lugar a duda, había marcado para siempre a Mika. Lo que despertó en ella era difícil de explicar y por eso, su vínculo con la señora Ana se hizo cada vez más profundo, ya que después de aquellas experiencias significativas que ambas habían vivido, se sentían conectadas a algo mayor, a una compañía que podían encontrar en otro ser vivo o incluso en las bondades del paisaje patagónico. Su capacidad de asombro era permanente, ya que la madre naturaleza las desafiaba y entretenía diariamente con los mil y un rostros de la creación. Mika y la señora Ana vivían ancladas a la plenitud de la vida del campo.

TOMÁS VIVE EN LA CIUDAD

La vida de Tomás era diametralmente opuesta a la de Mika, ya que este vivía en una gran ciudad con muchos autos, tráfico y personas caminando por doquier. El ruido ambiental era constante y se sentía como una vibración envolvente que era intensa durante el día, declinando levemente por la noche, pero nunca jamás desaparecía. Estaba tan acostumbrado a esta experiencia sensorial auditiva que el silencio absoluto de la estancia en Patagonia le generaba angustia. Amaba dormirse con el ruido de los autos que constantemente transitaban por esas avenidas colmadas de letreros y luces artificiales.

Era afortunado de que su escuela quedara a tan solo tres cuadras de donde vivía, por lo que se iba y regresaba caminando todos los días. Su casa estaba ubicada en un condominio, y aunque en este lugar vivían otras familias, la verdad es que apenas conocía a sus vecinos. Tenía un hermano mayor que asistía a la Universidad y al que veía poco o casi nunca, y Tomás lo prefería así, ya que cuando no estaba se escabullía en su pieza y le sacaba esos videos juegos que tanto le gustaban.

De todos los integrantes de la familia, era el que pasaba más tiempo en su casa, sus padres trabajaban todo el día y llegaban por la tarde noche. Cuando era más pequeño, recuerda que lo cuidaba una señora muy amable que lo mimaba y preparaba comidas exquisitas, pero un día no volvió más. A partir de ese momento, sus padres le compraron un celular, instalaron cámaras por todos lados, enrejaron ventanas, puertas y se asesoraron con las empresas que existían en el mercado para hacer de su casa una fortaleza impenetrable.

«No hables con extraños, no contestes al timbre, no abras la puerta, no entregues información de ti y de tu familia», y un sinfín de consejos al estilo «no hagas» marcaron un antes y un después en la vida del niño.

—Ya eres mayor y de aquí en adelante aprenderás a quedarte solo en casa porque mamá y papá tienen que trabajar —le decían.

Al principio quedarse solo le asustaba, sentía miedo con todas las atrocidades que sus padres le habían metido en la cabeza, saltaba frente a cualquier ruido extraño, por lo que a cada rato llamaba a sus padres. Por eso, como la situación no estaba funcionando, sus padres decidieron adoptar a dos mascotas, y así fue como llegaron un día a principios de otoño, envueltos en remolinos de hojas, el gato Marmaduque y el perro Jack, fieles animales que lo acompañarían por muchos años en su día a día. Gozaba siendo testigo de cómo el pequeño Marmaduque lograba imponerse sobre el tremendo Jack, al punto que en ocasiones veía al gato durmiendo plácidamente en la cama del perro y probando además de su rico alimento. Jack se resignaba y se hacía el desentendido; estaba claro que Marmaduque dominaba la escena, y así fue durante un buen tiempo hasta que finalmente aprendieron a convivir y respetar sus espacios.

A Tomás no le gustaba estudiar, más aún, odiaba ir al colegio, lo encontraba aburrido, latoso, sin sentido. Además, siempre era foco de conflicto con sus padres, ya que constantemente los citaban a reunión por sus bajas calificaciones, por lo que pasaba castigado. Y sus padres sabían hacerlo donde más le dolía, que era dejarlo sin video juegos y celular por varios días. Sin embargo, él sentía que finalmente los castigos no funcionaban, porque en vez de incentivarlo a estudiar, se rebelaba cada vez más contra la escuela. Y así caía en un círculo vicioso del que no sabía cómo salir.

En cambio, su pasión, su devoción por la tecnología, que casi ningún adulto entendía, lo sumergía en escenas fantásticas y en universos que podía crear y recrear a su antojo. Amaba esos videojuegos donde podía diseñar mundos excepcionales, aventurarse en zonas desconocidas y desafíos inimaginables. Sentía que la imaginación no tenía límites y su mente se encandilaba con las imágenes, sonidos, música y temáticas de estos juegos. Además, podía ocultar su timidez en audaces y perspicaces avatares, vincularse con niños de su edad en distintas partes del planeta y sentirse unido a ellos. Se sentía conectado de una forma que sus padres nunca iban a entender. Se sentía un ciudadano del mundo.

El único inconveniente de esta pasión era que a veces se desdibujaba el límite entre la fantasía y la realidad; esto lo confundía y le generaba contradicciones internas que no sabía manejar y que en el peor de los casos explotaban en frustración e ira. Perdía tanto la noción del espacio-tiempo que había días en los que hubiese preferido ser su Avatar las 24 horas, era increíblemente más interesante que el día a día de su vida como Tomás, por eso, muchas veces las personas a su alrededor lo tildaban de huraño, apático y poco sociable.

Y esas emociones se hicieron más presentes en su viaje por la Patagonia. Era la primera vez que se desconectaba de la tecnología por tantos días. De hecho, sus padres, le habían señalado que el propósito de este viaje era mostrarle que había toda una vida fuera de

su cuarto, conectado a computadores, videojuegos y audífonos. Sin embargo, pasar tantos días desconectado de su mundo, le estaba generando una sensación de irritabilidad y ansiedad permanente, que no sabía cómo canalizar, y que estaba aflorando a través de su interacción con Mika, ya que por alguna razón que él no lograba entender del todo, esta niña le generaba frustración y rabia.

EL GRAN SECRETO DE TOMÁS

—¡Tomás! —gritó Mika—, sé que te fuiste a esconder al baño. Anímate para que salgamos a pasear, hay unos lugares maravillosos que tienes que conocer.

«Qué fastidio, esta niña lo adivina todo», pensó Tomás. Justo en ese momento, aparecieron los padres de ambos niños para pedirles que fueran a buscar leña con la carretilla.

—A nuestro regreso —imploró Mika—, nosotros ya tenemos organizada una excursión—. La niña le guiñó el ojo a Tomás, y en un segundo ya lo tenía corriendo cerro abajo tomado de la mano.

Con la magia de la señora Ana, el dolor del pie de Mika había desaparecido por completo; así que ambos niños corrieron a tanta velocidad que sentían que se elevaban del suelo. La niña reía a carcajadas y, por un segundo, Tomás también, era nueva esta sensación de sentir la energía del viento en la cara, todo su ser se sentía más liviano y libre. Finalmente se desplomaron de cansancio, y se tumbaron encima de unos coirones chascones que se encontraban cerca de una vertiente de agua.

—Contemos chistes o adivinanzas —le propuso Mika.

Pero Tomás se había puesto serio nuevamente y dijo:

—Será mejor que regresemos, pues mis padres pueden comenzar a preocuparse.

—No hay de qué preocuparse; conozco estos lugares como las palmas de mis manos —rebatió Mika con total seguridad.

Estaban en esa conversación, cuando un inusual ruido calló a ambos niños de golpe. Mika le hizo una seña a Tomás, y le dijo que se pusiera detrás de ella. Avanzaron sigilosamente por la ruta que demarcaba Mika, hasta que se ubicaron tras unas matas de calafate. No podían dar crédito a lo que sus ojos veían, era un zorro gris[27] cazando a un cordero[28] de pocos días de nacido. Lo que más impactó a Tomás fue escuchar los gritos del pequeño animal que clamaba por su vida mientras

---

[27]El zorro gris o zorro gris patagónico es un tipo nativo de zorro de América del Sur. Su nombre, hace referencia a su color de pelaje, que suele ser mayormente grisáceo en su dorso y lomo. Su dieta es oportunista, pudiendo consumir según la disponibilidad de su hábitat, desde semillas hasta presas de origen animal y carroña.

[28]Un «cordero» es una cría de la especie ovina antes de alcanzar la etapa adulta. Son animales muy jóvenes y se caracterizan por su ternura, suavidad y delicadeza proporcionada por el vellón de su lana.

la blanca lana se teñía de un color rojo bermellón. El niño no aguantó más y se sintió interpelado a defender al desamparado corderito, pero Mika lo detuvo con todas sus fuerzas.

—Es la ley de la Naturaleza, no tenemos que involucrarnos —susurró ella. Tomás la miró iracundo, pero finalmente se contuvo.

Cuando el zorro había terminado su cacería y el frágil animal yacía en su lecho de muerte, Tomás se enfrentó a Mika diciéndole:

—No tienes corazón, pensé que te preocupabas por los animales, pero ahora me doy cuenta de que eres una farsante. Ese cordero necesitaba de nuestra ayuda, y tú permitiste que muriera, ¡eres una hipócrita!

Mika intentó explicarle su experiencia con sus compañeras gallinas, quiso contarle cómo había sufrido, lo enojada que había estado, y cómo finalmente había comprendido que la madre naturaleza tiene leyes que a veces nos cuesta comprender, pero Tomás se iba enfadando cada vez más hasta el punto en que le gritó:

—¡Cállate, eres una bocona! —Y de un impulso, la empujó al suelo.

Mika cayó desconcertada, mientras Tomás la miraba iracundo resistiendo las ganas de pegarle. Los tiernos y dulces ojos de Mika estaban aterrorizados, pudo sentirse como el cordero en su sumisión frente al zorro.

El canto de las bandurrias[29] logró arrebatar a Tomás de su ciega ira y lo conectó nuevamente al aquí y ahora. Cuando lo abandonó el monstruo de la furia, sintió mucha vergüenza y tristeza porque no podía comprender qué le había sucedido. Fue tanta su angustia que se sentó en el suelo y se puso a llorar desconsoladamente. Era un llanto que nacía de las profundidades del alma, tenía aroma, color y un sonido propio. Parecía que lloraba por él y por toda la humanidad, y en ese instante Mika comprendió que Tomás cargaba con una tremenda herida en su corazón. Entonces lo abrazó como cuando la señora Ana lo hacía con ella con ternura. Así, ambos niños se fundieron en un dulce abrazo que anestesió las raíces del dolor.

Cuando las emociones se aquietaron, Mika le preguntó si quería hablar de lo sucedido. Tomás, aún muy avergonzado y con voz tímida, le empezó a contar sobre una situación que vivía frecuentemente en su escuela y que nadie sabía, ni siquiera sus padres.

—Es un secreto, no le puedes contar nada a nadie, por favor, júramelo.

---

[29]La bandurria austral es un ave conocida por su gran tamaño, colores llamativos, pico largo, encorvado, y grito metálico. Se encuentra presente en la Patagonia chilena y argentina.

Mika, asombrada, le respondió que sí, que podía contar con ella. Y así fue como Tomás comenzó a relatarle los horrores que vivía diariamente con un grupo de compañeros de curso.

—Recuerdo el momento exacto, como si fuese ayer. Maximiliano, el niño más popular del curso, me hizo una zancadilla en clases de educación física y me caí en el cemento golpeándome fuertemente en la cabeza. En el piso, sintiéndome mareado y muy mal herido, escuché a varios de mis compañeros reírse a mi alrededor. De pronto, se oyó el grito de un profesor y los niños desaparecieron como por arte de magia. Ese día, terminé en el hospital, en observación por un posible traumatismo craneal. En mi escuela había quedado la embarrada, la noticia se había vuelto viral, y como suele suceder en este tipo de acontecimientos, el chisme era más sabroso que la verdad de los hechos. Sin embargo, hubo varios testigos, por lo que rápidamente dieron con el causante del incidente. Esto implicó una dura represalia para Maximiliano, según lo estipulaba el reglamento de mi colegio.

Tomás hizo una pausa, y luego continuó contándole a Mika.

—No nos vimos por varios días. Yo, porque estaba con licencia médica, y Maximiliano, porque se encontraba suspendido de clases. Cuando nos reencontramos, hizo el gesto reparatorio de pedirme perdón, ya que ese era el compromiso que había asumido con la Dirección del colegio. Accedí a perdonarle y olvidar lo sucedido, no obstante, algo en mi corazón me incomodaba y no entendía muy bien por qué. Al tiempo, todo se volvió claro. Maximiliano había fingido su arrepentimiento y buena conducta. Y un día, en el baño durante el recreo, me arrinconó contra la pared, amenazándome con vengarse por toda la maldición que había vivido, según él, por mi culpa. Sentí un horrible escalofrío recorrer todo mi cuerpo y quedé paralizado sin poder moverme, mi respiración se volvió entrecortada, y mi corazón latía a miles por segundo.

Era obvio que la contienda era desigual, ya que Maximiliano era un deportista reconocido, mientras que Tomás, con suerte, caminaba de su casa al colegio y viceversa. Cuando Maximiliano abandonó finalmente a su presa en el baño, Tomás se descompuso, le vinieron náuseas y terminó vomitando hasta su bilis.

De ahí en adelante, su vida se volvió un infierno. Maximiliano y sus secuaces encontraban siempre la manera de acosarlo, amenazarlo y burlarse de él. Lo hacían con un estratégico cálculo y una espeluznante frivolidad, ya que ningún compañero se atrevía a delatarlos, y los profesores no sospechaban nada de nada. Para los adultos, la situación se había resuelto con el acto reparatorio, y por tanto, habían dado vuelta de página. Pero Tomás sufría en silencio, y a través de los videojuegos había encontrado una salida a su dolor. Aquí podía ser grande y fuerte, dominar, vencer y hacer justicia por lo vivido, eso era algo que sus padres nunca comprenderían. Por eso, le dolía tanto que le prohibiesen habitar ese mundo.

Cuando Tomás terminó su relato, Mika había enmudecido. El paisaje había cambiado abruptamente, esto era algo usual en la Patagonia, tener las cuatro estaciones en un día, sin embargo, esta vez era diferente. Un fuerte viento se había declarado de golpe, y era como una extraña energía que emanaba desde la tierra y rodeaba a los niños con la fuerza de un tornado. Al mismo tiempo, numerosas nubes grises se habían aglomerado tiñendo el cielo de un gris oscuro, y un fuerte sonido daba inicio a una intensa lluvia de granizos. Los niños apenas podían sostenerse de pie, no obstante, Mika tenía más experiencia danzando con el viento, por lo que hizo un gesto a Tomás, a quién agarró de la mano y lo condujo a una cueva que era ocupada por las ovejas durante los fríos inviernos australes.

Tomás tenía cara de pavor, y Mika le preguntó si le daba miedo el viento, a lo cual Tomás asintió con su mirada, y entonces le dijo:

—A mí también me daba mucho miedo el viento cuando era pequeña, hasta que un día, la señora Ana me convenció de enfrentarlo como las aves, diciéndome: «Observa el movimiento de las aves, aprovechan las fuertes ráfagas para maximizar la energía que les brinda, entonces lo que para ti es desagradable, para ellas se convierte en una oportunidad para planear solemnes en el cielo. Todo depende del ángulo en que mires la vida». Sal y enfrenta el viento, Tomás. Yo al principio no podía ni respirar, pero con el tiempo me fundí en una danza exquisita que practico hasta el día de hoy. Quizás el viento pueda enseñarte algo que pueda ayudarte a enfrentar a esos niños, la naturaleza siempre nos entrega grandes lecciones, eso lo he aprendido muy bien de la señora Ana.

En todo caso, aquí estaremos a salvo —comentó Mika, y ambos permanecieron en silencio hasta que pasó el aguacero.

Mientras estuvieron cobijados en la cueva, que fueron tan solo un par de minutos, Mika y Tomás sintieron que algo en ellos había cambiado para siempre. De pronto, un fuerte rayo de sol atravesó las nubes grises, y en cuestión de segundos el cielo se volvió de un esplendoroso azul. Mika miró a Tomás y le dijo:

—Ven, confía en mí. Te llevaré a un lugar que te ayudará a olvidar esos tristes recuerdos.

Por primera vez en mucho tiempo, Tomás ya no sentía ira, y con una sensación agradable en su corazón, se dejó llevar por la idea de Mika. Así fue como ambos niños partieron a los secretos del Río Baguales, un lugar de pozones de agua con corrientes subterráneas, donde Mika nadaba desde pequeña y en el que, en una ocasión, encontró un fascinante tesoro.

LA AVENTURA EN EL RÍO BAGUALES

Eran conocidas y temidas las fuertes corrientes que nacían en las profundidades del aparentemente apacible río, y eran famosas las innumerables historias que los ovejeros relataban sobre la desaparición de animales y personas cuyos cuerpos nunca pudieron ser encontrados. A la fecha, esos cuentos tenían un carácter más bien mítico, era difícil comprobar su veracidad, pero sin lugar a dudas, el papá de Mika, por precaución, les había enseñado a sus hijos a ser cuidadosos cuando anduviesen cerca del río.

Por esta razón, en aquel caluroso día de verano patagónico de paseo familiar, cuando se produjo el hallazgo de Mika, sus padres se habían asustado y estaban a punto de sumergirse en el río, cuando observaron después de un largo rato que pareció un siglo, a la niña brincar cual pez en el agua. Y ahí apareció ella, mágica como siempre con un extraño resplandor en sus manos. Su mamá le preguntó qué la había retenido tanto tiempo en el agua, pero ella no supo qué responder. Recordaba haber sido guiada por peces color tornasol, mientras las corrientes de agua la envolvían con un melódico susurro que hipnotizaron su mente. Solo fue consciente cuando unos destellos de dorada luminiscencia brotaban desde el fondo de una gigantesca cueva, y un impulso misterioso la hizo recoger una de esas piedras preciosas. Así, sin más, Mika brincó a la superficie con su nuevo tesoro.

—¿Qué tienes entre tus manos? —preguntó su hermano—. Vamos, muestra qué descubriste, Mika.

Y con una serena sonrisa en sus labios, la niña llevó la piedra donde estaba sentada su mamá, que al verla, le dijo:

—Es el mismo metal que encontró tu abuelo hace muchísimos años. Esto es oro. Y tu abuelo lo encontró en este mismo sector del río, siendo un joven aventurero mientras participaba en la cacería de un puma[30], en un crudo invierno patagónico cuando trabajó en la estancia de unos familiares. El abuelo nos contaba que se había hecho de noche muy temprano, habían caído varios centímetros de nieve, y las condiciones cli-

---

[30]El puma es un animal presente a lo largo de todo el continente americano. El puma austral es una subespecie que habita en Chile y Argentina. En la actualidad, se han detectado altas concentraciones de puma austral en el Parque Nacional Torres del Paine

máticas no permitían visualizar camino alguno. En ese entonces, no existía ropa que protegiese del agua, y el caluroso sudor interno se mezclaba con la gélida nieve, provocando que el cuerpo quedase húmedo y empapado. La única alternativa era mantenerse en movimiento, de lo contrario podías morir de hipotermia. Y así, en su intento por encontrar el camino de regreso a la estancia, su caballo resbaló y terminaron en las profundidades del río. El abuelo fue arrastrado por las corrientes de agua, y al igual que tú, fue a parar en el sector de los metales preciosos. Según nos relataba una y mil veces, este lugar lo trajo de vuelta a la vida. Cuando despertó tenía entre sus manos una hermosa pieza de oro. Le encantaba contarnos esta historia, la que siempre repetía en los típicos eventos de asado de cordero al palo[31], mientras nosotros nos imaginábamos mundos mágicos y misteriosos de un lugar del planeta que pocos tenían el privilegio de conocer. Nunca quiso deshacerse de su pepa de oro, a la que denominaba «El coirón de la fortuna». De ahí en más se sintió bendecido por fuerzas sobrenaturales, y cuando quería materializar algún de-

---

[31]El cordero al palo es un plato tradicional de la cocina sudamericana. Se cocina lentamente y a fuego indirecto, utilizando brasas o leña para generar calor. El tiempo de cocción puede durar varias horas hasta que la carne quede tierna y jugosa.

seo invocaba a su coirón. Y de manera increíble, la vida lo retribuyó con abundancia y larga vida. Nosotros, sus hijos, le hacíamos bromas y nos reíamos de su fantástica historia, la verdad es que nunca sabremos si el oro tenía alguna mágica cualidad o era la fe del abuelo la que literalmente movía montañas. Lo que sí puedo asegurarles es que la vida le fluía de manera maravillosa y fue un hombre pleno y feliz en este confín del mundo.

Mika y su hermano Bastián escucharon perplejos la historia. Era la primera vez que su mamá hablaba tanto de su papá, por lo que percibieron cierta nostalgia en sus ojos.

—¿Y dónde está esa pepa de oro? —preguntó Bastián.

—Está en un lugar secreto, a petición de él, y desde ahí nos trae bendiciones y protección a la familia. Cuando sea el momento, su secreto será revelado —agregó la mamá con un gesto de intriga y satisfacción. Los niños se miraron y comprendieron que mamá no iba a decir ni una palabra más de lo que acabada de contar. Así era ella, sus promesas siempre se cumplían.

*****

Tomás escuchó con asombro este fantástico relato de Mika, le parecía tanto más aventurero que las mejores versiones de sus videojuegos favoritos. El solo hecho de encontrar oro le parecía alucinante, aunque conllevase una cuota de riesgo. Sabía perfectamente por experiencia que en el mundo de los juegos tecnológicos no había recompensa sin llamar al peligro.

—¿Qué estamos esperando? —le dijo Tomás a Mika—, vamos por ese botín. ¿Te imaginas la cantidad de cosas que podríamos comprar?

Tomás alucinaba con la idea de no pedirle más dinero a sus padres y de poder consumir lo que quisiese sin límite alguno. Su mente se había llenado de escenas fantásticas donde, a través del oro, se sentía superpoderoso. Al fin podría demostrarle a ese pesado de Maximiliano y sus secuaces que él era mucho más que ellos.

La mirada de Tomás adquirió un brillo distinto, sus pupilas habían adoptado un tono rojizo oscuro, y Mika pudo atisbar que la codicia había penetrado su alma. Sintió una leve decepción y tristeza circulando a través de su corazón. Una voz interna, esa misma que la señora Ana le había enseñado a escuchar y cultivar, le dijo que lo más prudente era darse media vuelta y regresar a casa. Pero otra voz, más oscura y subterránea, le ordenó proteger su orgullo y demostrarle a ese niño que ella era una verdadera gaucha de la Patagonia.

—Vamos entonces por ese botín —exclamó Mika mientras avalentonada se metía en las gélidas aguas del

Río Baguales——. Sígueme y haz lo que yo te diga, tenemos que conectar con un pasadizo secreto que está en las profundidades de estas gigantescas rocas para llegar hasta una cueva.

Ambos niños dejaron sus respectivas parcas amarradas en una mata de calafate y se lanzaron a la aventura con ropa y todo. Una vez en el río, el agua cristalina dio paso a una turbiedad que dificultaba la orientación y desplazamiento. Sin embargo, Mika y Tomás se tomaron de las manos, inspiraron todo el aire que pudieron y se sumergieron en sus profundidades.

Inmediatamente, la opacidad del agua dio paso a un mágico espectáculo de destellos de colores, una variedad de peces tornasol parecieron guiarlos a un lugar secreto, el contacto con ellos era cálido y suave, y el frío cedía a una tibia sensación de calma y paz. Mika y Tomás estaban extasiados. Continuaban nadando junto a los peces, hasta que llegaron a una pequeña abertura entre medio de dos rocas enormes que indicaban el final de un camino. Mika dio una señal de que habían llegado al lugar de destino. La niña ingresó por una hendidura y arrastró a Tomás junto a ella, algunos peces los acompañaban. El lugar estaba tan protegido que el nivel del agua era bajísimo, por lo que los niños podían estar de pie y respirar tranquilamente. Tomás no podía dar crédito a lo que veía, la cueva estaba repleta de metales preciosos, oro y piedras de una variedad de tamaños, formas y colores. Era como la mejor versión de los cuentos infantiles que le leían de niño cuando los protagonistas eran audaces piratas en busca de tesoros fantásticos. Se sentía como un pirata afortunado en medio del mejor trofeo del mundo.

Mientras los niños estaban absortos con su descubrimiento, en un santiamén, el caprichoso clima de la Patagonia congregó a varias nubes grisáceas, el sol quedó escondido por completo, y el viento que hasta ese entonces se había silenciado, comenzó a elevarse desde las profundidades de la tierra, arremolinando todo lo que encontraba a su alrededor. El caos se instaló en la superficie del río, y Mika intuyó ese cambio en su corazón.

—Agarra las piedras que quieras —le dijo a Tomás—. Tenemos que salir rápidamente de aquí, el río se va a tornar peligroso y turbulento.

Pero para Tomás nada era suficiente, comenzó tomando una piedra, luego otra y otra, hasta el punto en que comenzaron a caerse de sus manos. No tenía espacio para llevar tantas.

—Rápido —insistió Mika—, elige solo las que puedas llevar, no tenemos mucho más tiempo que perder.

Con la agilidad que la caracterizaba, empujó fuertemente a Tomás, logrando sacarlo de aquella zona protegida.

—¿Qué haces, Mika? —gritó Tomás—. Se me quedaron mis piedras, tengo que volver a por ellas.

—Estás loco, tenemos que regresar, se nos acaba el tiempo —exclamó la niña, y mientras se aprestaba para salir, una poderosa corriente de agua se coló por la hendidura, atrapando a Mika en aquella cueva del río Baguales. En un par de segundos, la niña recordó esa voz interior que le decía que regresaran a casa, y las mil y una historias de ovejeros desaparecidos en las corrientes de ese río. Su cuerpo giraba y giraba como un tornado, mientras trataba de agarrar algún pedazo de roca que le permitiese elevar su cabeza y tomar un poco de aire. Sin embargo, sus esfuerzos eran en vano. La fuerza del agua se volvía cada vez más intensa.

Tomás ya había salido de la cueva, se encontraba en la corriente del río, pero con la turbulencia del agua no encontraba a Mika por ninguna parte. Comenzó a agitarse y desesperarse, e intentó nadar a contracorriente para volver al lugar donde había visto a Mika por última vez. A duras penas, retornó a la cueva, y para su amarga sorpresa, se topó con un gigantesco remolino de agua y a la niña atrapada allí. La angustia de Tomás lo llevó al clímax de la locura, trataba frenéticamente de ingresar

al lugar, pero el agua lo rechazaba una u otra vez. Era imposible su entrada. De la desesperación, Tomás pasó a la desesperanza, y en un sutil gesto de rendición, logró darle la mano a Mika, comprendiendo que se quedaría junto a ella pasara lo que pasara. Ambos niños se miraron como si fuese la última vez, y en esa aún inocente mirada buscaron expiar su codicia y arrogancia. En este sutil gesto, el corazón de ambos latió en sincronía, a un ritmo que impulsó la energía del amor, impregnando el espacio de un bello tono rosa cuarzo, y cuando lograron percatarse de esta fuerza, Mika divisó la imagen de la flor zapatito de la virgen brotando entre sus manos. De inmediato, la niña supo que su ángel protector los estaba cuidando. Y así fue.

Una fuerza sobrenatural logró calmar y vaciar el agua que había al interior de la cueva, dando la posibilidad a Tomás de cargar a Mika y sacarla rápidamente de ahí. Una vez en la corriente del río, Tomás asumió la responsabilidad de guiar el rescate, ya que su compañera se encontraba extenuada y sin fuerzas. El ángel les dio el impulso e iluminó el camino de regreso a la superficie. Más rápido de lo que sus cerebros pudiesen asimilar, ambos niños se encontraron en la orilla del río, vivos y a salvo. Rápidamente, Tomás se levantó para ir en busca de las parcas, y de ese modo, arropar a la extenuada niña. El cielo continuaba con un paisaje amenazante, y en un abrir y cerrar de ojos, se puso a llover fuertemente. «¿Qué más da?, ya estamos lo suficientemente mojados para preocuparnos por la lluvia. Necesito pensar cómo vamos a regresar a casa, si tan solo contara con un GPS…», reflexionaba Tomás para sus adentros, pero sabía que lamentarse no lo iba a ayudar a resolver la situación de ambos.

UNA MANADA DE CABALLOS
BAGUALES[32] AL RESCATE

Tomás se había dispuesto a recorrer el terreno, la lluvia rozaba su cara y se empozaba en sus zapatos, que se volvían cada vez más pesados y difíciles de mover. Era una experiencia que nunca había vivido, sentía que la naturaleza lo desafiaba en su instinto de supervivencia, y esta vez estaba decidido a no defraudar a nadie, y menos, a Mika. La lluvia se hizo más intensa y ya casi no había visibilidad, sin embargo, a lo lejos divisó una vega[33] que recordaba haber visto antes de llegar al río.

---

[32]Los caballos baguales, son animales que viven en estado salvaje, sin intervención humana. Estos caballos son descendientes de caballos domesticados que han escapado o han sido liberados, logrando sobrevivir en grandes manadas para vivir en completa libertad. Por lo general los baguales habitan en llanuras poco frecuentadas, montes escarpados o bosques impenetrables. Son únicos y especiales en la Patagonia.

[33]Las vegas son un tipo especial de humedal, formada principalmente por hierbas perennes conocidas como pastos blandos.

—Ahí puede haber una pista para regresar —dijo animado Tomás, y dándose fuerza para llegar hasta allá, comenzó a sentir una inusual vibración en el suelo—. ¿Estará temblando? —se preguntó con asombro. Sin embargo, la vibración se acompañaba de un melódico y rítmico ruido—. ¡Es una manada! —exclamó.

Y tal como había adivinado el niño, era una manada de caballos baguales, o más conocidos como caballos salvajes de la Patagonia. De inusual belleza, aplomo y majestuosidad, se detuvieron frente al niño con una indomable elegancia, y en una servicial reverencia, se asomó entre tantos, un singular caballo que se dirigió con un andar seguro y compasivo hasta donde se encontraba la niña.

—¡Ventarrón! —musitó aletargada Mika—, sabía que vendrías, eres mi compañero entrañable de aventuras, ayúdanos a salir de acá para volver a casa.

Y así sin más, Tomás ayudó a Mika a montar a Ventarrón a pelo.

—Tú también montarás con nosotros.

—¿A… a pelo? —titubeó el niño.

—Sí, a pelo, tú solo confía, pues Ventarrón sabe lo que hace.

Así comenzó la travesía de regreso a la estancia, con ambos niños cabalgando en Ventarrón, acompañados por una manada de caballos Baguales. A lo lejos, el ocaso del sol estaba dando paso a las primeras estrellas. Esto quería decir que ya se estaba haciendo muy de noche y que seguramente sus familias estarían preocupadas. Descubrir que en este lugar del mundo la noche cae como a las 23:00 horas fue una tremenda sorpresa para Tomás, nunca había prestado atención a las implicancias de vivir en distintas latitudes del planeta, contenido que recuerda haber visto en algún momento en su colegio, y que había pasado al olvido como tantos otros.

Al ritmo de la cabalgada, el cuerpo de Tomás se fundía en un particular vaivén, donde la fuerza de la tierra se unía con el movimiento del cielo, el olor a caballo sudado y sus cuerpos mojados, los conectaba con la exhalación de la vida y la entrega absoluta de tan noble animal. El pelo del animal era la trenza que los conectaba al dominio del espíritu. Mika respiraba la eternidad de la pampa[34], mientras que Tomás se sentía inmerso en el videojuego más excitante del que jamás imaginó ser el protagonista. La manada de caballos salvajes los acompañaba proporcionando una fuerza sobrenatural que abría los portales del coraje y la libertad universal. La determinación y el ímpetu coronaron la cabalgada,

---

[34]Se denomina pampa al terreno llano y extenso que carece de árboles y vegetación densa.

ayudando a los niños a mantenerse firmes y equilibrados en esta nueva osadía.

La luz de la luna, redonda y generosa, iluminaba un gentil sendero que los conducía por cerros, vegas y planicies. Las estrellas titilaban y dibujaban alucinantes siluetas en la espesura de la noche, la constelación de la Cruz del Sur emergió de repente imponente y luminosa, dispuesta a colaborar con la luna para guiar el camino de los aventureros niños. Mientras cabalgaban a toda prisa, Mika recordó una de las tantas historias que la señora Ana le contaba de niña, y quiso compartirla con Tomás. Le mostró muy a lo lejos por el noroeste, un cerro compuesto de una especial meseta, al que denominaban «el chenque» o el cementerio indígena Aonikenk o Tehuelche, y comenzó a relatarle la historia:

—Los Aonikenk son un pueblo originario, nómades y cazadores recolectores que habitaron la Patagonia mucho antes de que llegaran los inmigrantes europeos. Dicen que en ese cerro moran sus espíritus y que las personas sensibles pueden conectarse a la sabiduría de sus ancestros. Una vez yo fui, y me encontré con una niña de hermosos ojos negros y pelo color azabache que me hizo un hermoso gesto con su mano, apuntando al horizonte más lejano donde convergen las nubes con la pampa. Como no entendía lo que me estaba pa-

sando, no quise ir nunca más, —dijo Mika riéndose—. Se le conté a la señora Ana, quien con su calma de siempre, me dijo: «Ya lo entenderás». Y hasta el día de hoy no lo comprendo, pero ya no me produce miedo ir nuevamente. Bueno, la historia de los Aonikenk te la narraré en otra ocasión, pero ahora quiero contarte esta leyenda que siempre oía de niña y que tiene relación con esas estrellas que ves en el firmamento y que llamamos la constelación de la Cruz del Sur.

Toda esta conversación la tenían en pleno movimiento, cabalgando en Ventarrón, con la luz del cielo y el misterio del camino. Una leve brisa de viento acababa de levantarse, lo que proporcionaba a la experiencia una gentil sonoridad y abrigo.

—Cuenta la leyenda —decía Mika—, que los Aonikenk llegaron a este punto del mundo atraídos por un animal especial llamado ñandú[35]. Este animal es un ave incapaz de volar, sin embargo, tiene una cualidad extraordinaria, y es que corre a gran velocidad. Y esta característica le dio un carácter mítico que obsesionó a este pueblo, a tal punto que se desplazaron miles de ki-

---

[35]El ñandú patagónico es un ave no voladora exclusiva de Sudamérica. Es parecida a un avestruz, y se caracteriza por correr a más de 50 km por hora, gracias a sus patas alargadas, y a sus grandes alas que se extienden detrás de su cuerpo.

lómetros hacia el sur para poder encontrarla. Ellos eran cazadores recolectores, y utilizaban boleadoras, que son piedras grandes envueltas en bolsas de cuero y que están atadas por tres correas. Su objetivo era lanzarlas y darle a las patas para impedir su desplazamiento. Fue incesante la búsqueda del ñandú, hasta que un día, llegaron hasta el fin del mundo, donde tras un día de lluvia y sol, se dibujó en el cielo el arcoíris más brillante que un ser viviente haya visto jamás. Mientras contemplaban con asombro tal espectáculo de la naturaleza, un grupo de cazadores divisó una de estas aves al final del arcoíris. Eligieron al más experimentado para ir tras su caza, sin embargo, el ñandú atisbó el peligro, y cuando se sintió acorralado, corrió velozmente trepando los puentes de mágicos colores. Sin perder la esperanza, el intrépido cazador lanzó con todo ahínco su boleadora, pero para su mala fortuna no logró obtener mayor éxito. Los cazadores se volvieron al campamento, cabizbajos y desilusionados. Al caer la noche, un anciano del clan comenzó a vociferar para que miraran hacia el cielo, y todos quedaron boquiabiertos. Habían aparecido cuatro nuevas estrellas con forma de cruz, y en ese momento, todos comprendieron que se trataba de las pisadas del ñandú en su intento de lograr su sagrada libertad en el firmamento.

Tomás se sumergió tanto en la historia que le pareció observar la silueta del misterioso animal que se coronaba soberano en el cielo. Esta fascinación, mezcla de lucidez e imaginación, ayudó en parte a que los niños no se percataran del frío que poco a poco se instalaba en cada rincón de sus cuerpos. Ventarrón hacía también su trabajo, ya que el brío de su cabalgada proporcionaba un suave y dulce calor que sostenía su vulnerabilidad, recordándoles que estaban seguros y a salvo. Tomás nunca olvidaría sentirse él mismo parte de una manada de caballos baguales. El movimiento sincrónico, el coraje y fuerza sostenida en conjunto, lo conectaron a una experiencia inédita; sin darse cuenta, la vida misma se le había colado entre los huesos y se sentía más vivo que nunca.

De pronto, parecía que las estrellas habían bajado del firmamento, se visualizaban luces que iban y venían de un lado hacia el otro, asimismo, se escuchaban ladridos de perros, y a lo lejos se divisaban las luces de la estancia.

—Nos están buscando —gritó Mika con alegría—. Esas luces son linternas de nuestras familias que están siendo guiadas por los perros ovejeros.

—¡Gracias, Mika! ¡Lo logramos! —dijo Tomás, agradecido.

Estas últimas palabras hicieron eco en el universo, haciendo vibrar a cada ser vivo de esta salvaje tierra. Sin más, los coirones, matas negras, calafates, liebres, zorros, chingues, guanacos[36], armadillos[37] y toda clase de aves, se detuvieron a contemplar la intrepidez de estos dos niños que viajaban protegidos por los caballos baguales. Al llegar a una explanada principal, la manada se detuvo y reverenció a los niños despidiéndose de ellos. Ventarrón continuó su fiel andar a pocos metros de que llegasen finalmente a casa.

—¡Mika, Tomás! —gritaban sus padres—. ¡Al fin los encontramos! ¿Dónde se habían metido?

Del cielo cayeron lágrimas de felicidad que se fundieron con los abrazos más profundos, cálidos y amorosos. En un rápido gesto, Roberto agradeció a Ven-

---

[36]El guanaco es un camélido salvaje herbívoro que habita en zonas montañosas y esteparias de América del Sur. No tienen joroba ni se parecen tanto a los camellos, pero pertenecen a la misma familia. Tienen un pelaje doble y grueso, pero muy liviano, lo que le permite adaptarse muy bien a condiciones climáticas duras y cambiantes. Además, es un animal gregario, vive en grupos familiares de un macho y varias hembras o en manadas de machos solitarios juveniles o de distintas edades.

[37]El armadillo es un animal mamífero de orejas pequeñas y caparazón aserruchado, autóctono de Chile y Argentina. Se lo considera como un animal prehistórico que lleva millones de años en el planeta. Es apacible, diurno y de conducta solitaria.

tarrón, ayudando a Mika y a Tomás a bajarse del leal animal para llevarlos de inmediato a la casa principal. Allí se encontraba la señora Ana, quien adelantándose como siempre a los hechos, había ya realizado una de sus preparaciones mágicas. En esta oportunidad, había preparado un baño de tina con unas hierbas energizantes y una sopa de huesos de capón para que los niños entraran en calor.

Eran tantas las preguntas de sus padres, que Mika y Tomás enmudecieron. Aún no lograban asimilar lo vivido, por lo que sus explicaciones eran erráticas e incongruentes, y eso exasperaba más a sus padres, quienes intentaban darle una explicación lógica a lo ocurrido. En un momento dado, la conversación giró en busca de culpables, por lo que la señora Ana, sabia y ecuánime como siempre, dijo:

—Ya es suficiente charla por hoy. Los niños necesitan dormir y calmar su mente; mañana seguro que habrá tiempo para esclarecer los hechos, pues no hay mejor medicina que un descanso reparador.

Los adultos entraron en razón y asintieron con el comentario de la Señora Ana, por lo que dejaron de insistir y acompañaron a los niños a quedarse dormidos.

EL MISTERIOSO PULPO DE TRES CABEZAS

El sueño de ambos niños fue agitado, despertaron varias veces durante la noche imaginando batallas con seres fantásticos, acechados por el peligro inminente de un pulpo de tres cabezas que los atrapaba en el interior de una cueva marina. Tomás se veía a sí mismo con toda la riqueza del mundo, siendo un rey ultra poderoso al que le rendían pleitesía. Mika era la maga de este reino, tenía poderes sobrenaturales y era diestra en el arte de la magia, por lo que, junto al rey, su poder era ilimitado. Ambos abusaron de este poder, olvidándose de gobernar para su gente. Compartían un secreto en común, la cueva de los siete mares desde donde obtenían su enorme riqueza. Un día, de visita en la cueva, el rey encontró una piedra preciosa y especial que no alcanzó a mostrarle a la maga. La avidez se instaló en su alma, imaginando que sería proclamado el soberano más soberado de todos los reinos del universo. Cuando la maga trató de detenerlo, fue demasiado tarde. Era una piedra maldita que convertía el corazón en roca y la sangre en hielo. Tanto el rey como la maga quedaron petrificados, no podían moverse, aunque fuesen conscientes de todo lo que pasaba a su alrededor. Acto seguido, una sombra oscura comenzó a acechar la cueva, desplegando unos oscuros y horripilantes tentáculos. La maga gritó a todo pulmón; era el monstruoso pulpo de tres cabezas, sin embargo, su voz jamás fue escuchada.

Mika y Tomás despertaron sobresaltados, por una extraña razón que no comprendían, habían tenido el mismo sueño. La señora Ana, adivinando como siempre, había llegado a consolarlos. Ella también había soñado con este monstruo de fieros tentáculos.

—¿Qué nos está pasando? —comentó con angustia Mika.

—Esto es horrible —indicó Tomás—, me siento extraño, es como si una inusual fuerza apretara mi corazón.

—Ya lo averiguaremos —señaló con tono de serenidad la señora Ana—, la vida a veces nos entrega mensajes de formas misteriosas; solo tenemos que ser audaces investigadores y descifrarlos con sabiduría.

La señora Ana solicitó a ambos niños que relatasen su sueño, e increíblemente habían soñado lo mismo, la única diferencia es que Mika era la maga, y Tomás, el rey. Después de cerrar levemente los ojos y respirar pausadamente, la señora Ana detectó cómo la ambición y el poder se habían infiltrado en el corazón de ambos protagonistas, quienes para asegurar el cumplimiento de sus deseos habían dejado de lado el bienestar del reino y su gente. El pulpo monstruo representaba el castigo por la avidez desmedida. La señora Ana concluyó que ambos niños estaban experimentando culpa por transgredir las fronteras del bien.

—Ya entiendo lo que sucede —susurró la señora Ana—, quiero que se levanten, se refresquen la cara, coman algo y me esperen afuera, cerca del bosque de serbales[38].

Ambos niños se miraron impertérritos, sin entender lo que estaba ocurriendo, sin embargo, confiaban ciegamente en ella, la sentían como una persona sabia, un ser venido de otra galaxia.

Una vez en el bosque, tibios rayos del sol atravesaban las ramas, formando mándalas preciosos en el suelo, al mismo tiempo, el trinar de las aves ofrecía una sonoridad que proporcionaba relajo y calma. Mika y Tomás esperaron sentados en una porción de césped que los tenía entretenidos jugando a encontrar «el tré-

---

[38]Es un tipo de árbol de tamaño mediano, que da frutos muy decorativos y de un intenso color rojizo. Algunas especies se dan muy bien en zonas frías, como en el sur de la Patagonia.

bol de cuatro hojas». Según contaba la tradición popular, quien encontraba un trébol de cuatro hojas era bendecido con buena fortuna. Estaban inmersos en este juego cuando sintieron un sonido especial, era la señora Ana que se dirigía hacia ellos sosteniendo una campana pequeña, vestida con una capa blanca que tenía incrustadas en los costados varias plumas de caiquén[39].

Mika y Tomás se miraron de reojo en su complicidad de niños, resistiendo las ganas de reírse, ya que no entendían por qué la señora Ana se había puesto ese disfraz.

—Vaya, vaya —dijo risueña la señora Ana—, veo que les saqué unas hermosas sonrisas, al menos valió la pena llegar hasta acá con mis amuletos protectores.

Mika y Tomás se sintieron avergonzados, a lo que la señora Ana replicó:

—Tranquilos, yo también me reí de mi abuela cuando era niña y la vi vestida así, no tienen por qué sentir vergüenza. Bueno, bueno…, pero vayamos a lo nuestro —prosiguió la señora Ana—, les voy a pedir lo siguiente: cierren sus ojos, y aunque les genere incomodidad y un poco de rechazo, les voy a pedir que se

---

[39]El caiquén es un ganso silvestre natural de América del Sur. Se alimenta de pasto, flores y frutos. Sus depredadores naturales son pumas, zorros y águilas. Construyen sus nidos en el suelo, donde la hembra pone de 5 a 10 huevos.

conecten con la imagen del pulpo de tres cabezas. En este círculo están protegidos, están conmigo, todo va a estar bien, simplemente confíen.

Con un poco de temor, Mika y Tomás cerraron sus ojos y se vincularon con la imagen de ese horripilante monstruo.

—Ahora quiero que esa imagen la materialicen al lado del serbal más imponente, el que está a tu lado izquierdo, Mika, —indicó la señora Ana—, y cuando toque la campana van a abrir sus ojos lentamente y van a encontrarse cara a cara con este pulpo; recuerden respirar profundo y pausadamente.

Los niños siguieron al pie de la letra las instrucciones de la señora Ana, y cuando llegó el momento, respiraron coraje y se atrevieron a sostener su mirada frente al espeluznante monstruo.

—Desde aquí, este pulpo no nos puede hacer daño —señaló la señora Ana—. Lo que intuí y comprendí es que tiene un mensaje para ustedes, y cuando sea develado, me prometió que los dejará en paz y nunca más volverá a entrometerse en sus sueños.

Mika y Tomás lo observaron con detención, se percataron de que ya no habitaba el miedo en sus cuerpos, lo que favorecía que pudiesen contemplarlo tal como era. A ratos, les parecía pequeño e indefenso; en otros momentos, soberbio y fiero, y en otros, sentían compasión por su frágil existencia. Era increíble como la cualidad de la imagen se iba transformando a medida que los matices de sus emociones cambiaban. De pronto, los ojos de los niños se volvieron acuosos. La comprensión había llegado a sus corazones. Lágrimas corrían de sus rostros, y finalmente entendieron cómo la codicia y el orgullo habían corrompido sus almas y los había guiado a tomar malas decisiones que los llevaron a poner en riesgo sus vidas. Tanto Mika como Tomás se sentían culpables de lo acontecido, y el monstruo venía a reprobarles dicha emoción.

En un mágico acto, los niños se abrazaron y sus corazones hablaron a través del perdón. Bastó tan solo esa generosa palabra para que las ondas del sonido acariciaran al monstruo, cambiando su cualidad por completo; en un santiamén, el monstruo se convirtió en el ángel que les había salvado la vida. Traía en sus manos la flor zapatito de la virgen. Una mariposa naranja se posó en esta bella y delicada flor, y en un abrir y cerrar de ojos, la imagen se desvaneció por completo. Cuando los niños volvieron en sí, la señora Ana aún se encontraba en una especie de trance, haciendo unos cánticos que Mika nunca había escuchado. Mucha paz se respiraba en aquel lugar del bosque, y los pajaritos cantaban más que nunca. Cuando la señora Ana abrió los ojos, miró a ambos niños con dulce compasión, y les dijo:

—Han sido los niños más valientes que he conocido, han enfrentado con coraje sus monstruos internos, ahora están listos para jugar, disfrutar y, prontamente, para participar en las faenas de la esquila.

LA FAENA DE ESQUILA EN LA ESTANCIA

Tomás no entendió la expresión de la señora Ana, nunca había escuchado la palabra «esquila». Mika adivinó la cara de desconcierto de Tomás y le dijo:

—Tranquilo, yo te contaré de qué se trata, pero para hacértelo fácil, imagina que vamos a levantar una gran peluquería de ovejas.

A Tomás le pareció divertido, y sintió curiosidad por aprender qué es lo que hacían con las ovejas del campo. Mientras estaban en estas conversaciones, aparecieron los padres de ambos niños que, para variar, los estaban buscando.

—Mika y Tomás, no desaparezcan nuevamente, queremos darles una buena noticia, y además necesitamos ayuda para que metan leña con la carretilla, tarea que les pedimos la última vez y desobedecieron.

—¿Cuál es la noticia? —preguntó Tomás.

—Queremos que se queden con nosotros un par de días más —respondió María Paz—. Ahora viene la faena de la esquila que es un momento muy importante para nosotros, y nos encantaría que pudiesen acompañarnos. Generalmente, terminamos esta faena celebrando con un gran asado de cordero al palo, donde nos acompañan todas las personas que han trabajado con nosotros.

—¿Nos quedaremos? —preguntó Tomás a sus padres—. Por favor, quedémonos, me encantaría conocer y aprender sobre la esquila.

Los papás de Tomás no lograban dar crédito a lo que estaban escuchando, por primera vez en mucho tiempo, Tomás se motivaba con algo que no fuese jugar a los videojuegos, encerrado en su pieza. Sintieron que el viaje estaba cumpliendo su propósito, y se abrazaron cariñosamente.

—Por supuesto que sí —le respondieron—, pero antes tienen que ir a buscar leña para reponer los cajones vacíos de la leñera y tener la casa calentita.

Y en un dos por tres, Mika y Tomás corrieron a buscar la carretilla para cumplir con el trabajo que el día anterior se habían negado a hacer.

La esquila es todo un acontecimiento para una estancia en la Patagonia. El día anterior había llegado un furgón con la conocida «comparsa», que es un equipo de personas que trabajan en esta faena, y está formada por los esquiladores, quienes son los encargados de quitar la lana a las ovejas; los velloneros, quienes ponen el vellón del animal sobre una mesa con la finalidad de extraer las impurezas de la lana; los barrenderos, que van constantemente limpiando el galpón de esquila; los prenseros, responsables de prensar y empaquetar la lana en fardos que posteriormente serán comercializados al mundo; y por supuesto y no menos importante, el cocinero, quien desde la madrugada comienza a preparar chuletas de capón con papas y pan amasado con café o mate. Al mismo tiempo, Roberto había estado trabajando desde hacía días afinando el motor de esquila, que aún funciona a petróleo y que da vida a todo el proceso de las guías que sostienen las máquinas esquiladoras.

—¿Te animas a ir a rodear, Tomás?

—¿Qué cosa dices, Mika? Por favor, habla en español; es como si yo te hablara de los *youtubers*, apuesto a que no conoces ninguno —dijo sonriendo Tomás, y Mika lo miró desconcertada, y añadió:

—Ni idea de lo que me dices de *youtubers*, ¿será acaso algo que se come?...

—Me haces reír, Mika, cuéntame mejor qué es ir a rodear, y ahí te digo yo qué son los *youtubers*.

—Para tu información —añadió la niña—, «rodear» es ir a buscar a las ovejas que se encuentran en distintas partes de la estancia, y para eso, lo hacemos a caballo;

mi hermano Bastián, a veces, nos acompaña con ayuda de una cuatrimoto. Los perros ovejeros nos ayudan un montón, ya que ellos son rápidos y saben muy bien cómo llevar al piño de ovejas de un lugar a otro. Nos levantamos temprano al alba, ensillamos nuestros caballos, alimentamos a los perros y partimos contando historias y cantando mientras cabalgamos en busca de nuestras preciadas ovejas. A mí me encanta esta parte del trabajo, porque siento que con Ventarrón y los perros hacemos un gran equipo que hace que las ovejas lleguen sanas y salvas al centro de operaciones, que es el galpón de esquila, y que, en términos simples, sería como una «peluquería» de enorme tamaño.

Tomás escuchaba con atención, y respondió:

—Claro que sí, Mika, cuenta conmigo, esta será una nueva aventura que estoy dispuesto a vivir con ustedes.

Y así, mientras el día escondía a la noche y el trinar de las aves se volvía cada vez más intenso, ambos niños se levantaron con ahínco en la madrugada para ir en busca de las ovejas. Un pan recién amasado y un mate calentito que les preparó la señora Ana fueron suficiente para recargar energía y cabalgar por las extensas planicies de la pampa patagónica. Tomás comenzaba a apreciar la voz de la Patagonia, el frío viento que se colaba por sus ojos, que lo hacían llorar de embriaguez, la sensación de libertad y fuerza unida al espíritu del caballo y el color dorado del coirón que se presentaba soberano, cual se tratase de una tierra rica y abundante en tesoros. Nunca olvidaría esta experiencia, las ovejas parecían pompas de algodón, una perpetua espiral que se movía de un lado a otro y que era rodeada con la gracia de los perros ovejeros. Bastaba tan solo el movimiento caprichoso de una oveja, para que la espiral girase en sentido contrario, lo que obligaba a todos a redoblar esfuerzos para contener el caos.

—Dirígete a la tranquera que está cerca del galpón de esquila, allá nos encontraremos —le dijo Mika a Tomás—. Una vez que abramos esa enorme tranquera, habremos finalizado nuestra parte del trabajo y se dará inicio a la esquila propiamente tal.

Tomás, emocionado, veía cómo las ovejas corrían y saltaban tratando de pasar por la tranquera, mientras varios ovejeros las iban acomodando en distintos corrales que anteceden el ingreso a la estación, donde el esquilador, una a una, dedica el sudor de su frente a un laborioso servicio que exige una pulcra dedicación y entrega. Especialmente, porque la oveja ofrece una franca resistencia, que es una abierta batalla por su libertad. Tal actividad requiere determinación y maestría por parte del esquilador, quien con agilidad y confianza logra que la oveja finalmente se someta. El resultado es una oveja que pierde varios kilos y deja de verse como pompas de algodón.

Y de este modo transcurrieron cuatro largos días, donde se esquilaron alrededor de tres mil animales. Realmente toda una proeza de resistencia física y trabajo en equipo. Mika y Tomás ayudaban a ratos a barrer o a recoger el vellón y en otros, simplemente jugaban como niños, correteando a las ovejas o realizando hazañas más peligrosas como montar a los carneros[40]. Tomás nunca olvidará la sensación de ser eyectado por el aire por la fuerza de un carnero que se negó fieramente a ser sometido por un niño citadino. Sacó aplausos y risas de todos los presentes, quienes lo proclamaron el nuevo «gaucho» de la Patagonia. Y para honrar dicho título, Pompilio le regaló su boina preferida, símbolo fiel de un sin número de correrías a caballo y aventuras de todo tipo. Tomás percibió una suave corriente recorrer su cuerpo, que le hacía sentir vital y expansivo. Su ira de antaño estaba dando paso a la gratitud, y eso lo ponía muy feliz.

Hasta exprimir la última gota de sudor humano en lo que restaba de la esquila, el ruido y la agitación de pronto dieron paso a un silencio sepulcral. El galpón se volvió inhóspito, conservando restos de lana, kilos de

---

[40]Es un mamífero ovino, macho, que tiene cuernos robustos y arrollados en espiral.

estiércol y un singular aroma a oveja. El papá de Mika revisó las instalaciones, dio algunas instrucciones para acomodar los fardos de lana y, con la llave en mano, cerró la puerta principal, agradeciendo a cada una de las personas por su fiel entrega y compromiso.

—¡Ahora, a celebrar! ¡Nos lo merecemos! Mañana realizaremos nuestra tradicional celebración de asado al palo, sean todos muy bienvenidos.

Y con esta invitación, cada uno de los trabajadores se retiró a sus aposentos a relajarse, descansar y a ayudar en los preparativos del día siguiente. Mika y Tomás, por su parte, fueron a visitar a la señora Ana, quien compartió con ellos sabrosas historias de la Patagonia, en compañía de un exquisito mate y sopaipillas caseras.

Al otro día, todos se levantaron temprano, ya que había mucho que hacer para los preparativos del asado de cordero al palo. En este magno evento, colaboraban desde los niños hasta los adultos. A Mika, Tomás y Bastián le encomendaron la tarea de ir a buscar matas de calafate secas, ya que, según los entendidos en el fuego, esa leña proporciona una brasa de mejor calidad y durabilidad. Para ello, anexaron a la cuatrimoto un carro que les sirvió de apoyo para apilar lo que iban encontrando por el camino. Asimismo, María Paz les entregó unas canastillas para recoger el fruto del calafate, y de este modo, preparar una tarta, receta de larga tradición familiar.

—Cuidado con pincharte los dedos —le dijo Mika a Tomás—, el calafate defiende con fiereza su fruto, por lo que hay que ser paciente y muy cuidadoso para no salir herido.

—¿Cuál es el fruto qué tengo que elegir?, hay unos de tonalidades verdosas, y otros azules negruzcos —preguntó Tomás.

—Pruébalos y verás, el sabor te indicará cuál es el indicado —respondió Bastián. Y de tanto probar, Tomás se dio cuenta de que el fruto maduro es de tonalidad negruzca y con un tinte tan intenso que su boca entera parecía pintada de azul oscuro.

Cuando regresaron con el carro lleno con las famosas matas de calafates, Pompilio y el papá de Mika se aprestaron a encender el fuego, el cual es todo un arte para garantizar la exquisita cocción y sabor del asado. Inmediatamente, María Paz les pidió como último favor a los niños, dirigirse a la quinta para ir en busca de papas, zanahorias, además de lechugas y tomates del invernadero. Después, podían quedar libres para hacer lo que quisiesen, ya que la cocción del cordero podía tomar entre cuatro a cinco horas y media. Como Tomás partía a su ciudad al día siguiente, le pidió a Mika y a Bastián la posibilidad de ir a dar una vuelta a caballo para recorrer por última vez la dorada estepa patagónica, y sentir así el indomable espíritu del viento.

Ese día en particular, había un cielo azul y un sol esplendoroso, esos días raros y únicos en la Patagonia, donde el frío da paso a un aire tibio y denso que hace insoportable habitar hasta las mismísimas sombras. A pesar del aplastante calor, los tres niños se animaron a recorrer la Sierra Baguales, haciendo carreras y galopando a caballo a toda velocidad, para que Tomás nunca se olvide de los parajes más exóticos y fascinantes del fin del mundo, donde la naturaleza supera en creatividad a la mismísima mente humana. Y así, después de dar un largo paseo a caballo, los niños retornaron a la casa y se integraron a la dinámica de la celebración del asado al palo. El cordero ya llevaba un buen rato de cocción y estaba dispuesto de una manera tan singular que llamó la atención de Tomás. Estaba amarrado a una espada de acero con un alambre, y puesto al fuego en un ángulo de 45°.

Ya estaban todos reunidos, conversando, riendo y disfrutando del cálido sol. Por su parte, algunos habían comenzado a relatar historias del campo que tenían a los niños embriagados de asombro, y otros, en cambio, se aprestaban a tocar la guitarra y cantar alrededor de la fogata viejas canciones del folklore campesino. Y entre tema y tema, el cordero estuvo listo para ser compartido por todos los invitados. Tomás y sus padres quedaron maravillados con la textura y sabor de la carne, nunca habían probado un asado de tales características, así es que hacían bromas de que volverían pronto a estas tierras australes. Y mientras la celebración continuaba, se unía a los cantos y al baile la aparición de las primeras estrellas en el firmamento.

EL COIRÓN DE LA FORTUNA

Cuando la noche se dejó caer, algunos comensales se retiraron a descansar, y quedaron frente a la fogata, los papás de los niños, la señora Ana, Pompilio, Bastián, Mika y Tomás.

—Mamá, ahora que estamos más en confianza, ¿podrías terminar de contarnos la historia fantástica del abuelo? —señaló Mika.

—Sí, por favor, nos prometiste que algún día develarías el secreto mágico del coirón de la fortuna —insistió Bastián.

Ella les devolvió una tierna y dulce mirada, y lentamente se levantó para ir a buscar algo a la casa principal, mientras les decía:

—Espérenme, ya vuelvo, ha llegado el tiempo de que les cuente el final de la historia.

Los presentes quedaron perplejos y expectantes; era primera vez que la mamá iba a develar el mismísimo secreto del abuelo. Cuando María Paz regresó a la fogata, traía consigo un pequeño cofre de madera que solía estar en la cómoda del dormitorio principal. Mika y Bastián lo habían visto desde que eran pequeños, recordaban haber jugado muchas veces con él. Jamás imaginaron que ese cofre guardaba bajo llave un importante secreto familiar. Cuando la mamá de Mika se dispuso a abrir la caja de madera, reinó el silencio y la fascinación en cada uno de los rostros allí presentes. Del interior, emanó una luz brillante y dorada que se acopló con la llamas rojizas y anaranjadas del fuego, iluminando de pronto todo el lugar.

—El coirón de la fortuna —gritaron al unísono los niños.

—La piedra mágica del abuelo, al fin la conocemos, ¿podemos tocarla —preguntó Mika.

—Por supuesto —respondió su mamá.

—¿Es verdad que esta piedra puede concederte todos tus deseos? —interrogó Bastián.

—Mmm… Eso depende de la intención con que los pidas; recuerdo que el abuelo nos contó algunas experiencias de amigos en las que la petición de deseos terminó convirtiéndose en una verdadera maldición.

—¡Como el sueño que tuvimos! —le indicó Tomás a Mika—.

—¡Exactamente! —asintió la señora Ana.

—¿Se acuerda, señora Ana, de aquel viajero hindú que se quedó varios meses explorando la Patagonia cuando el abuelo estaba vivo?

—Por supuesto, ¡cómo olvidarme de Anand!... Con él aprendimos algunos secretos de la meditación y muchas tradiciones interesantes sobre la cosmovisión de su cultura.

—Esta conversación sobre la intención de los deseos —comentó María Paz—, me recuerda esa leyenda hindú del árbol que nos relató un día de verano, exactamente en este mismo lugar, alrededor de una fogata como esta. Al abuelo le encantaban las leyendas que Anand relataba, porque estaban llenas de magia y sabiduría. Ahora que lo veo en la distancia, ese intercambio cultural ayudó a que el abuelo encontrara sentido a su furtivo encuentro con la muerte, apreciando la vida con más pasión que nunca.

—¿Y de qué trata esa leyenda del árbol? —preguntaron los papás de Tomás, quienes hasta ese momento seguían la conversación con atención.

—Ana, ¿podrías contarlo tú, por favor? —solicitó María Paz—, tú tienes ese don de ser una entretenida «cuenta cuentos».

—Encantada, pondremos a prueba mi memoria —dijo la señora Ana mientras guiñaba el ojo derecho a los niños—. Según lo que nos contó Anand, en el cielo hindú existe un árbol llamado Kalpataru o árbol de los deseos. Dice la leyenda que, un día cualquiera, un cansado viajero se sentó debajo de este bellísimo árbol. De pronto, sintió mucho apetito y pensó: «Qué ganas de que hubiese algo rico para comer», y en ese instante aparecieron delante de él los manjares más exquisitos del mundo. Una vez que comió, le entró sueño y pensó: «Si tan solo hubiese una cama...», y como por arte de magia, la cama apareció. Se tumbó en la cama y miles de pensamientos se adueñaron de su mente. «¿Qué está sucediendo en este lugar? No veo a nadie, pero la comida y la cama han aparecido». Entonces, con extrañeza concluyó: «Si no hay personas, entonces ¡aquí hay fantasmas!». Habiendo pensando en esto, los fantasmas se asomaron por doquier. El viajero entró en pánico y pensó: «¡Oh, no, ahora los fantasmas me matarán», y finalmente, lo mataron.

Los niños, asustados, abrieron tremendos ojos, no podían creer lo que acababan de escuchar.

—Entonces, los pensamientos de los seres humanos son muy poderosos —reflexionó Mika.

—Exactamente, los pensamientos tienen alas y son capaces de crear el mundo en el que vivimos —intervino Roberto—.

—¿Y los pensamientos de dónde nacen? —preguntó con inocencia Tomás.

—Muy buena pregunta —comentó María Paz—. Eso es parte del secreto que nos develó el abuelo, y que hoy es tiempo de compartir con ustedes. Así que comenzaré a contarlo. Hay un lugar sagrado, prístino, donde hay una riqueza que es la madre y origen de todos los tesoros del mundo.

—¿Dónde queda? —preguntó Tomás, emocionado, me encantaría ir a explorar dicho lugar.

—Con calma —señaló María Paz—, dejen que termine la historia y veremos cómo podemos llegar hasta allá. Como les decía, este sitio es la fuente misma de la vida, pero lamentablemente está custodiado por monstruos fieros y salvajes que no permiten el acceso de ningún ser humano que tenga malas intenciones. Cuenta la historia que muchos viajeros han muerto en su intento, otros se han rendido, y otros se han dejado seducir por el poder de los monstruos. Tan solo algunos pocos han logrado la meta.

—Yo ya no le temo a los monstruos —dijo con valentía Tomás—, con Mika ya hemos vencido a uno, así es que estoy listo para derrotar hasta los más fieros, horribles y espeluznantes engendros.

—Vayamos poco a poco —dijo sonriendo la mamá de Mika—.

—¿Y por qué este tesoro está custodiado por monstruos malvados? —preguntó Mika.

—Ojalá tuviésemos esa respuesta, pero lo poco que
sabemos es que, en algún momento de la historia, la codicia y la ambición se apoderó de un ser humano, quien
intentó robar ese tesoro para crear un mundo domina-
do por sus caprichos y tiranía.

Mika y Tomás se miraron con cierta complicidad y
vergüenza, ya que les recordó su experiencia en el río
Baguales. Y María Paz continuó con el relato:

—Y por poco, esta persona logra su objetivo, si no
fuese por estas fieras salvajes que aparecieron para en-
gañarlo y confundirlo

—¿Entonces los monstruos no son malos? —replicó Mika.

En realidad, todo depende del ángulo con que se mi-
ren las cosas. El que existan tiene un sentido, y es tarea
de cada uno comprender cuándo y por qué llegan a su
vida —respondió María Paz.

—Así como nosotros comprendimos el mensaje del
pulpo de tres cabezas —indicó Tomás.

—¡Exactamente! —afirmó la señora Ana.

—¿Y dónde está ese lugar, mamá? —preguntó
ansioso Bastián—. Me encantaría conocerlo, debe
ser alucinante.

—Muy bien, yo se los mostraré, está más cerca de lo que piensan…

Los tres niños se miraron perplejos, mientras pensaban: «¿Acaso estará en el patio de la casa?, ¿cerca del cerro Beatriz?, ¿en el galpón de esquila?, ¿en el gallinero? ¿en el invernadero…?».

—Quiero que se sienten los tres juntos frente a mí, se los voy a mostrar ahora —señaló con un halo de misterio, María Paz. Acto seguido, recogió el cofre y volvió a sacar la piedra, la guardó un rato entre sus manos, la frotó con dedicación y, finalmente, se la acercó a los niños—. Tan solo observen qué es lo que sucede cuando se conectan con el coirón de la fortuna.

De pronto, la noche se volvió día, un gran destello luminoso envolvió el sector de la fogata. Los ojos de los presentes se encandilaron por unos instantes, había magia en el ambiente. Cuando la luz bajó su intensidad, Mika pudo apreciar cómo sus corazones resplandecían en la oscuridad.

Desde ahí, surgieron chispazos de hermosos colores que se unieron en el centro de la fogata, formando una encantadora imagen de la flor zapatito de la virgen.

—¡Es la flor que siempre se nos aparece, la flor junto al ángel!

—Así es, Mika —respondió su mamá—. Ellos son guardianes en el camino del amor y la verdad para alcanzar el tesoro.

—Pero aún no entiendo dónde está —dijo Tomás.

—Cierra tus ojos y comprenderás —susurró la señora Ana.

Los tres niños cerraron sus ojos, y la luz en sus corazones se tornó más brillante que nunca. El fuego danzaba, mientras el universo entero se detenía para observar la escena.

—Ya comprendí —dijo de pronto Mika, rompiendo el silencio del momento.

Bastián y Tomás abrieron sus ojos asintiendo lo dicho por Mika.

—El tesoro está en nuestros corazones —comentaron los niños al mismo tiempo.

—Así es —replicaron María Paz y la señora Ana.

—Nuestro desafío de vida es saber conducirnos con sabiduría para llegar hasta allí, y ese es el hermoso legado que el abuelo nos dejó —dijo emocionada María Paz—. El camino es complejo, sin embargo, siempre vale la pena cuando hay buenas intenciones. Conectados al corazón, la abundancia es prácticamente infinita. Y sabemos que ustedes serán valientes para encontrar toda la luz que hay en su interior, porque cuando hay buenas intenciones, los monstruos salvajes nunca podrán hacerles daño, y dejarán que caminen con tranquilidad.

De pronto, la imagen de la flor abandonó el lugar y quedó tan solo la fogata en su eterno movimiento anaranjado y rojizo. Los tres niños estaban exhaustos, eran demasiadas las vivencias, aprendizajes e información recibida en estos días. Los adultos, ya cansados, se fueron a acostar, dándole permiso a los niños de permanecer un rato más junto a la fogata. Bastián, el mayor, quedó a cargo de apagar bien el fuego. Una vez a solas, se tendieron sobre unas bancas y se dispusieron en silencio a observar el cielo estrellado. Las palabras estaban atoradas en sus gargantas, simplemente estaban de más. Toda su energía estaba focalizada en tratar de organizar y comprender todo lo vivido. Mika y Tomás comenzaron a recordar, como si fuese una película, su travesía con la manada de caballos baguales, la muerte del cordero, su experiencia en el río Baguales, la esquila, la derrota del pulpo de tres cabezas, el coirón de la fortuna y todas las innumerables experiencias vividas los últimos días. La constelación de la Cruz del Sur, más radiante que nunca, les mostró las pisadas del ñandú, y los conectó al espíritu de los Aonikenk, al coraje e intrepidez de su pueblo, quienes en su admirable inteligencia habitaron los parajes más salvajes del fin del mundo.

El cielo se volvió una celebración, estrellas fugaces aparecían por doquier, regalando un magnífico espectáculo, con el que los niños intuyeron que el firmamento se había confabulado para despedir a Tomás y a su familia, quienes partían a su ciudad de origen al día siguiente. Permanecieron extasiados observando esta belleza de la naturaleza hasta que el trinar de las aves anunció que prontamente el Sol vendría en lugar de la Luna. Este anuncio les indicó que ya era hora de irse a dormir.

Al día siguiente, la camioneta en la que viajaba Tomás estaba en perfectas condiciones. Roberto había realizado un trabajo de joyería. Los papás de Tomás se habían levantado muy temprano, ya que el viaje duraba varias horas hasta llegar a la ciudad de Punta Arenas, y luego tomar el avión a Santiago[41]. Los niños habían cogido un sueño profundo y no querían despertar. Tomás no lo podía creer, pero honestamente no sentía ganas de irse. Era extraña esta nueva sensación. Tenía que admitir que el viaje había resultado una aventura exitosa. La señora Ana, como siempre, les había preparado un desayuno exquisito, con pan amasado y mate calentito.

---

[41]Santiago es la capital y ciudad más grande de Chile, ubicada en medio un valle y rodeada por montañas, como la Cordillera de los Andes y de la Costa. En la actualidad, viven más de 7 millones de habitantes.

Además, había cocinado ricas sopaipillas para que los viajeros las degustaran en el camino a la ciudad.

Y llegó el momento de la despedida. Habían llegado todos a rodear la camioneta, inclusive hasta los perros ovejeros. Los papás de Tomás subieron las maletas y las delicias que había preparado la señora Ana. Se abrazaron y agradecieron la hospitalidad y los hermosos días vividos. Mika y Tomás se miraron profunda y eternamente. Ella se sacó del bolsillo un collar que tenía una piedra preciosa que su abuelo le había regalado de pequeña, y se lo regaló a Tomás. El niño, por su parte, tomó su pulsera favorita y se la regaló a Mika. Simultáneamente, se escuchó un «gracias». Posteriormente, se dieron un fuerte abrazo y Tomás se subió a la camioneta.

El vehículo partió lentamente por el camino de ripio, y a Mika se le ocurrió la brillante idea de seguirlos hasta el cerro Beatriz, cabalgando a toda velocidad en Ventarrón. En el trayecto, siguiendo a la niña se asomaron, para despedir a Tomás, animales como los zorros, pumas, armadillos, liebres, guanacos, ovejas, caballos baguales, cóndores, bandurrias…, y flora tales como los calafates, matas negras y los dorados coirones. Hasta las nubes del cielo se unieron para ofrendarle un afectuoso saludo. Tomás sintió esta hermosa vibración y se emocionó hasta los huesos. Una tibia y dulce lágrima apareció en su ojo derecho, la misma que afloró en Mika, pero en su ojo izquierdo. En ese instante, ambos supieron que no sería un adiós, sino un hasta pronto. Desde la altura del cerro Beatriz, con Cóndor majestuoso en el roquerío más alto, en ese mismísimo lugar donde comenzó toda esta singular aventura, Mika divisó por última vez la camioneta mientras desparecía por completo en el horizonte.